Theresa Jahns, Barbara Zschiesche & Julia Gerick

Individuelle Förderung mit digitalen Medien in der Schule

Ergebnisse und Impulse für die Praxis aus dem Projekt Gelindi

Waxmann 2024
Münster • New York

GEFÖRDERT VOM

Dieses Projekt wurde aus Mitteln des Bundesministeriums für Bildung und Forschung im Rahmenprogramm empirische Bildungsforschung unter dem Förderkennzeichen 01JD2006 gefördert. Die Verantwortung für den Inhalt dieser Veröffentlichung liegt bei den Autorinnen.

Bibliografische Informationen der Deutschen Nationalbibliothek
Die Deutsche Nationalbibliothek verzeichnet diese Publikation in der Deutschen Nationalbibliografie; detaillierte bibliografische Daten sind im Internet über http://dnb.dnb.de abrufbar.

Print-ISBN 978-3-8309-4897-1
E-Book-ISBN 978-3-8309-9897-6
https://doi.org/10.31244/9783830998976

Steinfurter Straße 555, 48159 Münster

www.waxmann.com
info@waxmann.com

Umschlaggestaltung: Anne Breitenbach, Münster
Satz: MTS. Satz & Layout, Münster
Druck: Elanders Waiblingen GmbH

Gedruckt auf alterungsbeständigem Papier, säurefrei gemäß ISO 9706

Printed in Germany

Inhalt

0 Zu dieser Transferbroschüre

0.1 Ausgangslage und Zielsetzung

Die Heterogenität von Lernenden wahrzunehmen, diese zur Grundlage des pädagogischen Handelns zu machen und dadurch den individuellen Lernprozess zu unterstützen, ist seit geraumer Zeit in der Schule ein wichtiges Thema. In der Diskussion um den Umgang mit heterogenen Lernvoraussetzungen von Schüler*innen gewinnt das Konzept der individuellen Förderung an Relevanz (u. a. Fischer & Rott, 2022, Schulz-Heidorf, 2016). Mit der fortschreitenden Digitalisierung eröffnen sich dafür verstärkt Potentiale. Obwohl bisherige Forschungsarbeiten auf diese Möglichkeiten hinweisen, ist der Einsatz digitaler Medien für die individuelle Förderung in Deutschland bislang wenig verbreitet. Dies lässt die Annahmen zu, dass das Potential individueller Förderung mit digitalen Medien noch wenig bekannt ist, im Schulalltag nicht erkannt wird oder mit zahlreichen Voraussetzungen verbunden ist. Es scheint also auf verschiedene Gelingensbedingungen auf verschiedenen Ebenen anzukommen.

Das vom Bundesministerium für Bildung und Forschung (BMBF) geförderte Forschungsprojekt ‚Gelingensbedingungen für die individuelle Förderung mit digitalen Medien in der Schule' (Gelindi, 2020–2023), auf dessen Ergebnissen diese Transferbroschüre basiert, setzte hier an und ging der Frage nach Gelingensbedingungen für individuelle Förderung mit digitalen Medien nach. Diese werden in der vorliegenden Transferbroschüre in verschiedenen Themenfeldern und auf unterschiedlichen Ebenen als Diskussions- und Reflexionsanlässe für die schulische Praxis aufbereitet.

Ziel der vorliegenden Transferbroschüre ist es, zur Unterstützung schulischer Entwicklungsprozesse vielfältige Wege und Ansatzpunkte zur Gestaltung individueller Förderung mit digitalen Medien aufzuzeigen und diese durch Einblicke in schulische Erfahrungen auf Grundlage des entstandenen Datenmaterials aus dem Forschungsprojekt anschaulich zu machen. Zielgruppe dieser Transferbroschüre sind schulische Akteur*innen (u. a. Schulleitungen, Didaktische Leitungen, Förderkoordinator*innen, Jahrgangs- oder Abteilungsleitungen, Medienbeauftragte und andere interessierte Lehrpersonen) sowie Interessierte aus der Bildungsadministration. Die in dieser Transferbroschüre beschriebenen Erkenntnisse sind nicht als Rezeptwissen zu verstehen, sondern unter den spezifischen Bedingungen der eigenen oder jeweiligen Schule aufzugreifen.

0.2 Das Forschungsprojekt ‚Gelingensbedingungen individueller Förderung mit digitalen Medien' (Gelindi)

In der Diskussion um Lehren und Lernen in der digitalen Transformation herrscht weitgehend Einigkeit, dass digitale Medien für das Lehren und Lernen diverse Potentiale insbesondere im Hinblick auf Individualisierung und Differenzierung aufweisen, um die Lernprozesse von Schüler*innen individuell zu unterstützen und Lernerfolge zu steigern (vgl. Schaumburg, 2015). Dies kann beispielsweise darüber ermöglicht werden, dass an verschiedene Interessen der Lernenden, an verschiedene Präferenzen in den Lernwegen, an Unterschiede in der Leistungsfähigkeit oder an verschiedene Bedarfe bei Rückmeldungen angeknüpft werden kann.

Individuelle Förderung wird als didaktischer Leitbegriff zum Umgang mit Heterogenität auch als ‚Individualisierung' oder ‚individualisiertes Lernen' bezeichnet. In Anlehnung an die durch Behrensen und Solzbacher (2012) erweiterte Definition von Kunze (2008) verstehen wir unter individueller Förderung im Rahmen schulischer Lehr-Lernprozesse alle Überlegungen und Handlungen, die darauf gerichtet sind, die Lernentwicklung und den Lernprozess aller Schüler*innen hinsichtlich der jeweiligen individuellen Potentiale, Begabungen, Interessen und Ziele sowie auch Schwierigkeiten, Bedarfe, Bedürfnisse und der spezifischen Lernausgangslagen und -bedingungen zu fördern.

Aktuelle Befunde zu individualisiertem Unterricht zeigen, dass Individualisierung nicht per se wirksam ist, da die Effektivität mit der Qualität der Umsetzung zusammenhängt (vgl. Häcker, 2017). Es kann weiterhin festgehalten werden, dass erst wenige Forschungsergebnisse zur individuellen Förderung mit digitalen Medien vorliegen und diese darauf hinweisen, dass individuelle Förderung mit digitalen Medien nicht in der Breite in Schulen umgesetzt wird. An dieser Stelle setzt das BMBF-geförderte Forschungsprojekt Gelindi an. Es zielt darauf ab, handlungsrelevantes Wissen über Gelingensbedingungen für den schulischen Einsatz digitaler Medien zur individuellen Förderung zu generieren.

Das Forschungsprojekt Gelindi wurde im Bundesland Hamburg durchgeführt und nahm als Ausgangspunkt Schulen aller allgemeinbildenden Schulformen in den Blick, die im Rahmen des 2. Zyklus der Schulinspektion in Hamburg in den Indikatoren, in denen individuelle Förderung explizit adressiert wird, besonders gut bewertet wurden. Von diesen Schulen konnte somit angenommen werden, dass sie sich mit den Themen individuelle Förderung und Umgang mit Heterogenität bereits längere Zeit beschäftigen. Mit diesem Vorgehen konnten 60 allgemeinbildende Schulen (36 Grundschulen, 12 Stadtteilschulen und 12 Gymnasien) ausgewählt werden. Die Lehrpersonen an diesen Schulen wurden in einer ersten Projektphase zur Teilnahme an einer Online-Befragung eingeladen, in welcher Art und Häufigkeit, Erfahrungen und Einstellungen zu individueller Förderung mit digitalen Medien sowie schulische Rahmenbedingungen erfragt wurden.

Für eine zweite Projektphase wurden kriteriengeleitet acht Schulen für eine vertiefende Untersuchung unter Berücksichtigung verschiedener schulischer Akteur*innengruppen ausgewählt. So wurden im Rahmen von 46 (Gruppen-)Interviews mit insgesamt 108 schulischen Akteur*innen (Schulleitungen, Lehrpersonen und Schüler*innen) unterschiedliche Themen rund um Erfahrungen, Einstellungen und Sichtweisen auf Möglichkeiten und Grenzen (mit/zu) Individuelle(r) Förderung und (mit/zu) digitalen Medien an der Schule thematisiert. In den Interviews mit Schulleitungen standen insbesondere Fragen zur Schulentwicklung hinsichtlich des Umgangs mit Heterogenität auch im Hinblick auf Digitalisierung im Mittelpunkt. Mit den Lehrpersonen wurde sowohl die konkrete Praxis individueller Förderung und die Möglichkeiten, Vorstellungen, Ideen, Wünsche als auch die Herausforderungen in Bezug auf digitale Medien thematisiert. In den Interviews mit Schüler*innen wurden Erfahrungen mit und Perspektiven auf individuelle(r) Förderung – ebenfalls mit digitalen Medien – fokussiert.

Aus diesen Aussagen und Einblicken in die Praxis des individualisierten Lehrens und Lernens mit digitalen Medien konnten dann, mittels qualitativer Inhaltsanalyse und gekoppelt mit den Erkenntnissen aus den Fragebögen, Gelingensbedingungen für den Einsatz digitaler Medien zur individuellen Förderung herausgearbeitet werden, die in der dritten und letzten Projektphase mit Personen aus der Bildungsadministration hinsichtlich ihrer Praxisrelevanz diskutiert wurden.

0.3 Aufbau dieser Transferbroschüre

Auf Grundlage der zentralen Ergebnisse des Forschungsprojekts Gelindi zu Gelingensbedingungen für individuelle Förderung mit digitalen Medien, die im Kapitel 1.1 dargestellt sind, werden in dieser Transferbroschüre in einzelnen Kapiteln verschiedene Themenfelder vertiefend betrachtet. Diese Themenfelder basieren insbesondere auf den Erkenntnissen aus den durchgeführten Interviews mit Schulleitungen, Lehrpersonen und Schüler*innen und wurden ausgewählt, weil sie Anlass für Diskussion und Reflexion innerhalb verschiedener Phasen schulischer Entwicklungsprozesse bieten. Dabei sei an dieser Stelle bereits darauf hingewiesen, dass viele Themenfelder auch miteinander in Beziehung stehen und dies in dieser Transferbroschüre auch sichtbar gemacht werden soll.

Jedes Kapitel ist in sich thematisch geschlossen, um eine punktuelle Lektüre zu ermöglichen. Es wurden aber oftmals auch Querbezüge zu anderen Kapiteln eingefügt. Nach einer kurzen forschungs- oder theoriebasierten Einführung werden in den Kapiteln praxisbezogen zentrale Befunde aus dem Forschungsprojekt dargestellt und mit Einblicken aus der Praxis (z. B. mit Interviewzitaten) veranschaulicht. Fragen am Ende der einzelnen Themenfelder sollen einen Beitrag dazu leisten, individuelle oder kollektive Reflexionsprozesse anzuregen.

Aufgrund der durch digitale Medien verstärkten Verzahnung von schulischen und außerschulischen Lehr- und Lernräumen verwenden wir im Folgenden die Begriffe Lehren und Lernen bzw. Lehr-Lernsettings statt des klassischen Begriffs ‚Unterricht'. Damit soll auch zum Ausdruck kommen, dass an den beteiligten Gelindi-Schulen oftmals eine hohe Variabilität in der Organisation und Strukturierung des Lehrens und Lernens zu finden war und diese Potentiale für das individualisierte Lernen mit digitalen Medien entfaltet. Entsprechend des Forschungsinteresses von Gelindi fokussieren wir auf Gelingensbedingungen zur Ermöglichung von individualisierten schulbezogenen Lehr-Lernprozessen mit digitalen Medien. Die Begriffe individuelle Förderung, Individualisierung und individualisiertes (Lehren und) Lernen werden im Folgenden synonym verwendet.

0.4 Danksagung

Wir danken allen am Forschungsprojekt Gelindi beteiligten Schulen, Schulleitungen, Lehrpersonen und Schüler*innen für ihre Teilnahme. Danke dafür, dass Sie uns Einblicke in Ihre Erfahrungen gegeben und uns Ihre Perspektiven auf individuelle Förderung mit digitalen Medien eröffnet haben, die wir in dieser Transferbroschüre in Ausschnitten und selbstverständlich anonymisiert im Sinne eines Wissenstransfers zugänglich machen können.

Ebenso danken wir unseren Kooperationspartnern am Landesinstitut für Lehrerbildung und Schulentwicklung (LI) Hamburg, namentlich Ingo Kriebisch (Leiter Stabsstelle Informationstechnologie und Digitalpakt am LI), für den kontinuierlichen Austausch und die vielfältigen Impulse sowie die Zusammenarbeit bei der Ausrichtung des projektbezogenen Fachtags ‚individuelle Förderung mit digitalen Medien' im April 2023. Ebenso sei Dr. Andrea Albers vom Institut für Bildungsmonitoring und Qualitätsentwicklung (IfBQ) in Hamburg (Abteilungsleitung der Schulinspektion) zu danken, die uns im Rahmen eines Interviews als *critical friend* zur Verfügung stand und uns wertvolle Hinweise gegeben hat.

Auch den Teilnehmenden des Workshops ‚individuelle Förderung und digitale Medien im Dialog zwischen Praxis und Forschung' im Rahmen des oben genannten Fachtags und den Beteiligten am Workshop ‚Gelingensbedingungen für die individuelle Förderung mit digitalen Medien in der Schule im Dialog' im Rahmen des EdTech Research Forums 2023 des BMBF-Metavorhabens ‚Digitalisierung in der Bildung' möchten wir für die Diskussionen, die Impulse und die kritischen Reflexionen zu den verschiedenen Gelingensbedingungen und Themenfeldern im Kontext von individueller Förderung und/mit digitalen Medien danken. Diese haben uns für die Erstellung dieser Transferbroschüre wichtige Inspiration gegeben.

1 Zentrale Gelingensbedingungen individueller Förderung mit digitalen Medien und die Themenfelder dieser Transferbroschüre im Überblick

In diesem Kapitel werden zunächst zentrale Gelingensbedingungen individueller Förderung mit digitalen Medien in Form eines Modells aus dem Forschungsprojekt Gelindi vorgestellt, bevor anschließend die daran anknüpfenden und in dieser Transferbroschüre in den nachfolgenden Kapiteln vertieften Themenfelder benannt und kurz beschrieben werden.

1.1 Zentrale Gelingensbedingungen individueller Förderung mit digitalen Medien aus dem Forschungsprojekt Gelindi

Im nachfolgend dargestellten Modell sind die zentralen Gelingensbedingungen individueller Förderung, wie sie im Rahmen des Forschungsprojekts Gelindi identifiziert werden konnten, zusammengetragen (siehe Abbildung 1). Bei dem Modell handelt es sich um eine auf individuelle Förderung mit digitalen Medien bezogene Erweiterung und Konkretisierung eines Modells von Eickelmann und Drossel (2019).

Im Fokus dieser Transferbroschüre stehen die Befunde auf der Prozessebene, denn Schul- und Unterrichtsentwicklungsprozesse können insbesondere dort – das heißt auf Ebene der Schule und des Lehrens und Lernens – gestaltet werden. Für diese sollen im Sinne der Zielsetzung dieser Publikation (siehe Kapitel 0.1) Diskussions- und Reflexionsanregungen angeboten werden.

Auf *schulischer Prozessebene* liegen Gelingensbedingungen zunächst im Bereich der ‚Schulkultur'. Darunter fällt, dass sich die schulischen Akteur*innen über ein geteiltes Verständnis von Heterogenität und ein gemeinsames Verständnis des Lehrens und Lernens in einer Kultur der Digitalität verständigen und diese in der Schulgemeinschaft stetig reflektieren. Außerdem lässt sich in diesem Bereich die Eröffnung von Möglichkeitsräumen für Digitales durch eine gemeinsam gelebte und umgesetzte Flexibilisierung des Lehrens und Lernens identifizieren. Als zweiter Bereich von Gelingensbedingungen kann das Schulleitungshandeln genannt werden. Hierzu zählt zum einen die Schaffung von Möglichkeitsräumen sowie Strukturen durch die Schulleitung, damit individualisiertes Lernen mit digitalen Medien im Kollegium entwickelt und erprobt werden kann. Zum anderen gehört dazu, dass die Schulleitung für die Schule und den in ihr tätigen Akteur*innen passgenaue Schulentwicklungsprozesse mit Blick auf individualisiertes Lernen mit digitalen Medien initiiert und gestaltet. Als dritter zentraler Bereich von Gelingensbedingungen auf schulischer Prozessebene können die Kooperation(-sentwicklung) und Personalentwicklung innerhalb der Schule identifiziert werden. Diese umfasst den stetigen und intensiven Austausch innerhalb des Kollegiums, aber auch die gegenseitige Unterstützung und gemeinsame Reflexion des (individualisierten) Lehren und Lernens mit digitalen Medien sowie Fragen der Fort- und Weiterbildung.

Auf *Prozessebene des Lehrens und Lernens* können Gelingensbedingungen in drei Bereichen identifiziert werden. Dies ist zunächst der Bereich ‚Lernförderliche Mediennutzung und Unterrichtsentwicklung' im Sinne einer Realisierung individueller Förderung mit digitalen Medien, die verschiedene Aspekte umfasst (siehe Abbildung 1). Weitere Gelingensbedingungen liegen im Bereich des Umgangs mit Heterogenität in einer Kultur der Digitalität. Als dritter Bereich kann im Sinne einer individualisierten Lernkultur in einer Kultur der Digitalität die Reflexion von und der Umgang mit Spannungsverhältnissen angeführt werden.

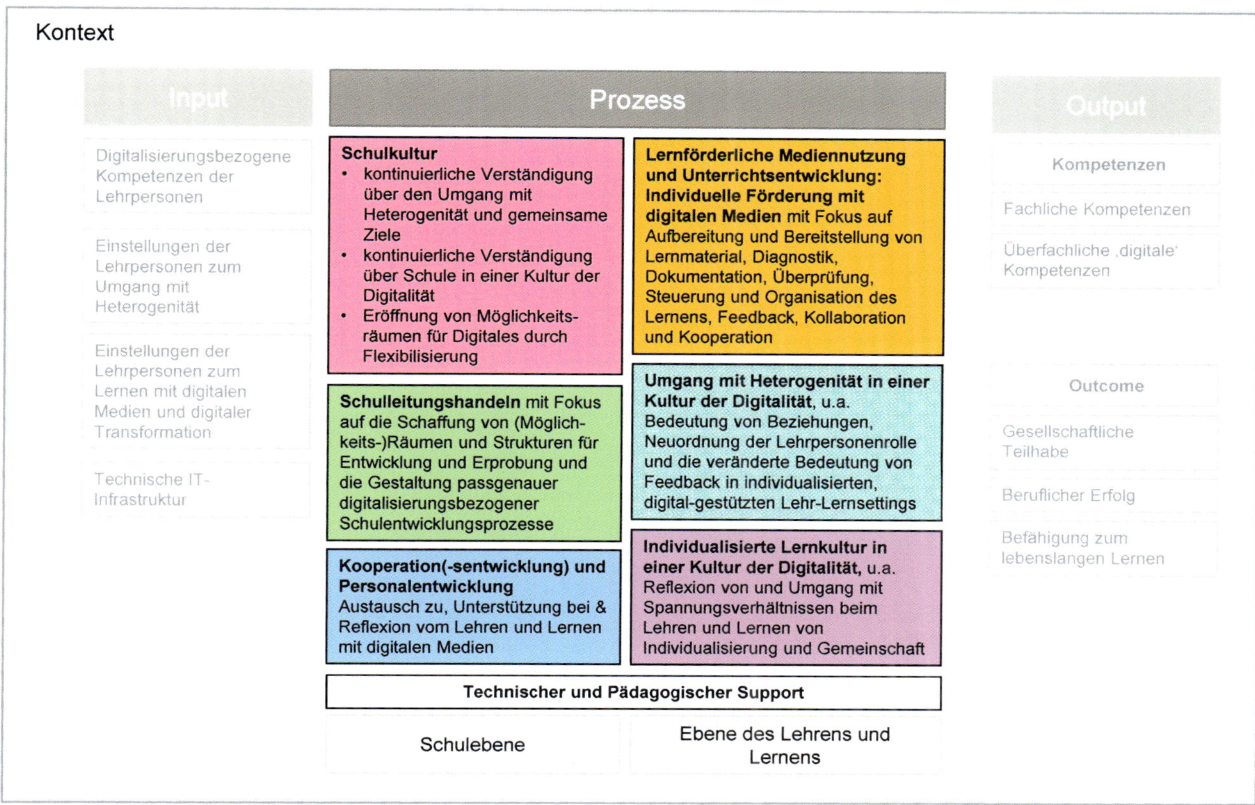

Abb. 1: Zentrale Gelingensbedingungen individueller Förderung mit digitalen Medien aus dem Forschungsprojekt Gelindi (Erweiterung und Konkretisierung des Modells von Eickelmann und Drossel, 2019)

1.2 Die Themenfelder dieser Transferbroschüre im Überblick

Nachfolgend werden die zentralen Themenfelder dieser Transferbroschüre im Überblick vorgestellt, die im weiteren Verlauf in einzelnen Kapiteln näher betrachtet werden. Die Themenfelder konkretisieren die identifizierten Gelingensbedingungen für individuelle Förderung mit digitalen Medien. Der Fokus liegt dabei auf der Prozessebene mit Blick auf die Ebene der Schule wie auch des Lehrens und Lernens, da hier für schulische Entwicklungsprozesse besonders großer Gestaltungsspielraum besteht.

Die nachfolgenden Themenfelder, oftmals auch als Spannungsfelder dargestellt, sind in den anschließenden Kapiteln als Ansatzpunkte für Diskussion und Reflexion aufbereitet, um durch Reflexionsanlässe, Beispiele oder Handlungsentwürfe Anregungen für die schulische Entwicklung zu bieten.

1.2.1 Themenfelder auf Ebene der Schule

Im Bereich ‚Schulkultur' werden im Kapitel 2.1 unter dem Titel ‚Entwicklung eines gemeinsamen Verständnisses und geteilter Visionen und Ziele als Ausgangspunkt' folgende Themenfelder als Gelingensbedingungen mit Einblicken in die schulische Praxis der Projektschulen und Reflexionsfragen näher betrachtet:

Kontinuierliche Verständigung über den Umgang mit Heterogenität und gemeinsame Ziele: Als wichtige Basis für die gemeinsame Weiterentwicklung von Schule und Unterricht – insbesondere mit Blick auf individualisiertes Lernen mit digitalen Medien – wird von Lehrpersonen und Schulleitungen ein in der Einzelschule vorliegendes geteiltes Verständnis bzw. eine Verständigung darüber, wie mit der Heterogenität der Schüler*innen umgegangen werden kann und soll, betont. Dabei geht es sowohl um einen Austausch innerhalb des Kollegiums, als auch um Fragen der individuellen Schwerpunktsetzungen einzelner Kolleg*innen.

Eine detailliertere Veranschaulichung dieses Aspekts mit Einblicken in die schulische Praxis der Projektschulen und Reflexionsfragen findet sich im Kapitel 2.1.1.

Kontinuierliche Verständigung über Schule in der Kultur der Digitalität: Als Grundlage für die Nutzung digitaler Medien zur individuellen Förderung wird von Lehrpersonen und Schulleitungen ein geteiltes Verständnis bzw. eine Verständigung über die Zielsetzungen für das Lehren und Lernen in einer Kultur der Digitalität als Einzelschule hervorgehoben, sowie der Austausch über den Umgang mit den Herausforderungen der Digitalisierung betont. Dies bildet die Basis für eine gemeinsame Arbeit an der digitalisierungsbezogenen Schulentwicklung mit Blick auf individualisiertes Lehren und Lernen. Dafür werden Offenheit und Veränderungsbereitschaft als notwendig angesehen.

Eine detailliertere Veranschaulichung dieses Aspekts mit Einblicken in die schulische Praxis der Projektschulen und Reflexionsfragen findet sich im Kapitel 2.1.2.

Gestaltung von Möglichkeitsräumen für Digitales durch Flexibilisierung von Lehr-Lernsettings: Eine veränderte räumliche und zeitliche Organisation des Lehrens und Lernens im Zuge einer Individualisierung schafft eine als nötig erachtete strukturelle Flexibilität für die Gestaltung von individualisierten Lehr- und Lernprozessen mit digitalen Medien. So denken die befragten Gelindi-Akteur*innen offener und innovativer über den Einsatz digitaler Medien für individuelle Förderung nach, wenn im Alltag schon (einzelne) strukturelle Veränderungen (z.B. flexiblere Zeitstrukturen, Freiarbeitsphasen, integrierte Projektarbeit) verankert sind, da sie diese als Möglichkeiten für ein Ausprobieren digitaler Medien (auch) für individuelle Förderung wahrnehmen. Auch weitreichende strukturelle Veränderungen, wie das Auflösen von Fächergrenzen, projektorientiertes und selbstorganisiertes Lernen als Formen oder Ausprägungen des Regelunterrichts oder Jahrgangsmischung, werden als hilfreich bei der Erprobung und Einbindung digitaler Medien in individualisierte Settings wahrgenommen.

Eine detailliertere Veranschaulichung dieses Aspekts mit Einblicken in die schulische Praxis der Projektschulen und Reflexionsfragen findet sich im Kapitel 2.1.3.

Im Bereich ‚Schulleitungshandeln' werden die folgenden beiden Themenfelder gemeinsam mit Einblicken in die schulische Praxis der Projektschulen und Reflexionsfragen in Kapitel 2.2 vertieft:

Schulleitungshandeln zur Schaffung von (Möglichkeits-) Räumen und Strukturen für Entwicklung und Erprobungen: Durch die Schulleitung geschaffene Möglichkeitsräume und Strukturen für die Entwicklung und Erprobung von individueller Förderung mit digitalen Medien werden nicht nur von den interviewten Schulleitungen selbst, sondern auch von den Lehrpersonen als relevant erachtet. Die Schulleitung nimmt hierbei insbesondere eine initiierende Rolle ein, da sie zunächst entsprechende Räume und Strukturen für Entwicklungen hin zu einem verstärkten und didaktisch reflektierten Einsatz digitaler Medien und Erprobungen in individualisierten Lehr-Lernsettings schaffen kann. Dabei wird die Herstellung einer Passung zwischen Schulentwicklungsmaßnahmen und dem Kollegium (und seinen Bedarfen) als zentrale Bedingung geplanter Veränderungen formuliert.

*Schulleitungen als Wegbereiter*innen der zur Schule passenden Entwicklung von digital gestütztem Lehren und Lernen:* Die Schulleitungen der Gelindi-Schulen betonen insgesamt die Bedeutung der Passung der schulischen Entwicklung zu den Gegebenheiten der eigenen Schule und ihres Kollegiums. Dabei skizzieren sie verschiedene Möglichkeiten der Prozessunterstützung bei der Implementierung digitaler Medien in (individualisierenden) Lehr-Lernsettings: Eine besteht darin, dass sich Schulleitungen explizit oder implizit zurückziehen, um Pionier*innen, Aktiven oder fachlich versierten Kolleg*innen Handlungsspielräume zu bieten, eine andere darin, dass Schulleitungen Steuer- oder anderen Arbeitsgruppen (verstärkt) mit Schul- und Unterrichtsentwicklungsprozessen betrauen, die sich schwerpunktmäßig dem Einsatz digitaler Medien u.a. zur individuellen Förderung widmen. Eine dritte beschriebene Möglichkeit besteht im Einrichten von Funktionsstellen zur formalen Delegation entsprechender Aufgaben.

Eine detailliertere Veranschaulichung dieses Aspekts mit Einblicken in die schulische Praxis der Projektschulen und Reflexionsfragen findet sich im Kapitel 2.2.

Kooperation von Lehrpersonen in einer Kultur der Unterstützung und gegenseitigen Hilfestellung: Als wichtige Bedingungen für eine gelingende Umsetzung von individueller Förderung mit digitalen Medien werden ein offener und vertrauensvoller Umgang mit der Heterogenität im Kollegium und Personen, die von anderen als Pionier*innen – im Sinne von Personen mit hoher Kompetenz in den relevanten Bereichen individuelle Förderung und/oder digitale Medien – erlebt werden, die Visionen haben, voranschreiten und andere auch von ihren Ideen überzeugen und mitnehmen können, gesehen. Neben den Pionier*innen braucht es dazu eine Kultur der Unterstützung und gegenseitiger Hilfestellung auf der Grundlage von Offenheit und Vertrauen im Kollegium, um Hilfe anzubieten, aber auch Hilfe annehmen zu können. Darüber hinaus werden bereits vorhandene oder entstehende kollegiale Unterstützungsstrukturen, wechselseitige Hilfestellung und weitere Kooperationsformen als hilfreich erlebt. Dies kann als Aspekt, der dem Bereich ‚Kooperation (-sentwicklung) und Personalentwicklung' zuzuordnen ist, angesehen werden.

Eine detailliertere Veranschaulichung dieses Aspekts mit Einblicken in die schulische Praxis der Projektschulen und Reflexionsfragen findet sich im Kapitel 2.3.

1.2.2 Themenfelder auf Ebene des Lehrens und Lernens

Weiterhin werden in dieser Transferbroschüre Themenfelder betrachtet, die auf Ebene des Lehrens und Lernens angesiedelt sind und die diesbezüglich Diskussions- und Reflexionsanlässe bieten können.

Aufgrund der vielfältigen Beispiele und Einblicke in die Praxis aus den Gelindi-Schulen wird der erste Bereich ‚Lernförderliche Mediennutzung und Unterrichtsentwicklung', ausführlich in einem eigenen Kapitel betrachtet.

Eine detailliertere Veranschaulichung dieses Aspekts mit Einblicken in die schulische Praxis der Projektschulen und Reflexionsfragen findet sich im Kapitel 3.

Der ‚Umgang mit Heterogenität in der Kultur der Digitalität' als weiterer Bereich der Ebene des Lehrens und Lernens wird in Kapitel 4.1 hinsichtlich folgender drei Themenfeldern als Gelingensbedingungen adressiert:

Zur Bedeutung von Beziehungen in digital-gestützten individualisierten Lehr-Lernsettings: Viele der befragten Lehrpersonen weisen in individualisierten Settings mit digitalen Medien der Lehrenden-Lernenden-Beziehung als Voraussetzung pädagogischen Handelns eine hohe Bedeutung zu, weil die Akteur*innen in digitalgestützten individualisierten Lehr-Lernsettings nicht durchgängig miteinander in persönlichem Kontakt stehen. Da die Gestaltung der Beziehungen in Lerngruppen als Grundlage des pädagogischen Handelns in der Verantwortung der Lehrpersonen liegt, setzen sich diese reflexiv mit den Bedingungen digital-gestützter individualisierter Lehr-Lernsettings, wie der Verknappung gemeinsamer Zeit bei zeitgleicher Erweiterung der Herausforderungen für die Schüler*innen, auseinander. Dabei verweisen die interviewten Lehrpersonen auch auf die Beziehungen innerhalb der Lerngruppe oder Klasse, denen Raum zu geben ist und die zu gestalten sind.

Eine detailliertere Veranschaulichung dieses Aspekts mit Einblicken in die schulische Praxis der Projektschulen und Reflexionsfragen findet sich im Kapitel 4.1.2.

Reflexion der Rolle als Lehrpersonen in digital-gestützten individualisierten Settings: Da der Umgang mit und die Nutzung von digitalen Endgeräten, Apps und Tools auch im Unterricht mit der gesamten Lerngruppe erfolgt, erleben die Lehrpersonen nicht nur einen erhöhten Zeitaufwand für die Unterstützung Einzelner, sondern auch hinsichtlich des Eingehens auf die Gruppe – einschließlich Lernunterstützung und Feedback. Gerade hinsichtlich der Verantwortlichkeit für und der Steuerung von Lernprozessen wird das „Loslassen-Können" von Lehrpersonen in digital-gestützten individualisierten Lehr-Lernsettings als besondere Aufgabe erlebt. Das Vertrauen der Lehrpersonen in die Bereitschaft der Schüler*innen, Verantwortung für ihr Lernen – (auch) in einer digitalisierten Welt – zu übernehmen wird als grundlegend beschrieben, die Entwicklung der Lehrpersonenrolle in diese Richtung allerdings als Herausforderung wahrgenommen.

Eine detailliertere Veranschaulichung dieses Aspekts mit Einblicken in die schulische Praxis der Projektschulen und Reflexionsfragen findet sich im Kapitel 4.1.3.

Feedback in digital-gestützten individualisierten Lehr-Lernsettings: Die Umsetzung der Basisdimensionen von Unterrichtsqualität, insbesondere im Hinblick auf konstruktive Unterstützung und Klassenführung, stellt durch den Einsatz digitaler Medien in individualisierten Lehr-Lernsettings eine Herausforderung dar, nimmt aber gleichzeitig aus Sicht der Lehrpersonen und auch der Schüler*innen an Bedeutung zu. Vor allem die konstruktive Unterstützung als Basis wird bedeutsam, um Schüler*innen zu ermöglichen, strukturierte, kognitiv aktivierende individualisierte (und digital-gestützte) Angebote wahrnehmen zu können. Da sich Schüler*innen individuell entwickeln – auch im Zuge von sich verändernden Interessen, Fachleistungen oder nötigen Selbstregulationskompetenzen – bedürfen sie eines kompetenzorientierten Feedbacks mit individualisierten Hinweisen zu Lern- oder Entwicklungsschritten. Gerade im individualisierten Unterricht mit digitalen Medien werden Feedbackstrukturen durch und mit den Lehrpersonen als bedeutsam erachtet.

Eine detailliertere Veranschaulichung dieses Aspekts mit Einblicken in die schulische Praxis der Projektschulen und Reflexionsfragen findet sich im Kapitel 4.1.4.

Mit Blick auf den Bereich ‚Individualisierte Lernkultur in einer Kultur der Digitalität' werden in Kapitel 4.2 drei Themenfelder im Sinne von Gelingensbedingungen vertieft:

*Die Einbindung der Lebenswelt der Schüler*innen in die didaktische Gestaltung individualisierter Lehr- und Lernprozesse*: Die Einbindung(-smöglichkeiten) der Lebenswelt der Schüler*innen durch die Nutzung digitaler Medien – sowohl vor dem Hintergrund der Omnipräsenz digitaler Medien im Alltag, als auch der damit verbundenen vielfach vorhandenen Motivation und Offenheit der Lernenden – wird als besonderes Potential für die Gestaltung individualisierter Lehr- und Lernprozesse herausgestellt. Dabei werden auf das Gestalten und Weiterentwickeln einer didaktisch sinnvollen und qualitätsvollen Einbettung des Einsatzes digital-gestützter, individualisierter Aufgaben fokussiert, die auch von den befragten Schüler*innen als sinnvoll erachtet werden und die aus deren Sicht erst eine didaktisch sinnvolle und nachvollziehbare Einordnung von digitalen Aufgaben und/oder eine hohe Qualität von digitalen Aufgaben(-stellungen) ermöglichen.

Eine detailliertere Veranschaulichung dieses Aspekts mit Einblicken in die schulische Praxis der Projektschulen und Reflexionsfragen findet sich im Kapitel 4.2.1.

Steuerung des Lernens durch Lehrpersonen im Spannungsfeld von individualisierter Lernunterstützung und Eigenverantwortlichkeit: Die interviewten Lehrpersonen nehmen Veränderungen der Bedeutung und der Rolle als Lehrperson in Relation zu digitalen Medien wahr und setzen sich damit, z. T. auch innerhalb des Kollegiums auseinander. Sie diskutieren dabei die eigenverantwortliche Auswahl von digitalen Materialien durch die Schüler*innen gegenüber der lehrpersonengesteuerten Auswahl sowie den Umgang mit der unüberschaubaren Vielfalt der verfügbaren Quellen, die in der digitalisierten Welt zur Auswahl stehen. Weiterhin werden digitale Technologien als neuer oder weiterer Faktor reflektiert, der auf den Lernprozess Einfluss nehmen kann und in individualisierten Lehr-Lernsettings an Bedeutung gewinnt.

Eine detailliertere Veranschaulichung dieses Aspekts mit Einblicken in die schulische Praxis der Projektschulen und Reflexionsfragen findet sich im Kapitel 4.2.1.

*Das Lernen von Schüler*innen zwischen Individualisierung und Gemeinschaftlichkeit*: Im Bewusstsein des Spannungsfelds von Individualisierung und Gemeinschaft wird das Risiko der Vereinzelung reflektiert. Vor diesem Hintergrund wird individuelle Förderung mit digitalen Medien ergänzend auch durch kooperative oder kollaborative Arbeitsformen beim individualisierten Lehren und Lernen mit digitalen Medien organisiert. Die damit verbundenen Fragen danach, wer entscheidet, was, wann und wie gelernt wird, zieht dann auch ein Hinterfragen bestehender Aufgaben- und konsequenterweise auch Prüfungsformate nach sich.

Eine detailliertere Veranschaulichung dieses Aspekts mit Einblicken in die schulische Praxis der Projektschulen und Reflexionsfragen findet sich im Kapitel 4.2.2.

2 Grundlagen für die Umsetzung individueller Förderung mit digitalen Medien in der Einzelschule schaffen: Was ist die Basis auf Ebene der Schule?

In diesem Kapitel werden Themenfelder vertieft, die auf Ebene der Schule als Basis für Entwicklungsprozesse mit Blick auf individualisiertes Lernen mit digitalen Medien angesehen werden können und insofern auf dieser Ebene wichtige Gelingensbedingungen darstellen. Wie in Kapitel 1 dargestellt, liegen die nachfolgend vertiefend betrachteten Themenfelder in den Bereichen ‚Schulkultur' (Kapitel 2.1), ‚Schulleitungshandeln' (Kapitel 2.2) und ‚Kooperation(-sentwicklung) und Personalentwicklung' (Kapitel 2.3). Zu jedem Themenfeld werden einleitend kurz rahmende konzeptionelle Überlegungen dargelegt. Auf dieser Grundlage werden die von den interviewten Akteur*innen an den Gelindi-Schulen jeweils formulierten grundlegenden Erkenntnisse im Sinne von Spannungsfeldern, Diskussions- und Reflexionsanlässen aufgezeigt.

2.1 Entwicklung eines gemeinsamen Verständnisses und geteilter Visionen und Ziele als Ausgangspunkt

Schule und das Lehren und Lernen verändern sich in Reaktion auf gesellschaftlichen Wandel. Dabei nimmt die Einzelschule nicht nur eine zentrale Rolle als Akteurin in ihrer Entwicklung ein, sondern ist zugleich Rahmen und Bedingungsgefüge dieser Entwicklung (vgl. Fend 2008, S. 146 ff. & 209 f.). Da gemeinsame Zielsetzungen den Ausgangspunkt schulischer Entwicklungsprozesse bilden, ist es wichtig, im Hinblick auf die Einführung oder Entwicklung individueller Förderung mit digitalen Medien zunächst ein gemeinsames Verständnis auf der Grundlage von Zielformulierungen zu schaffen. Dies wird in den Interviews mit Akteur*innen der Gelindi-Schulen, vor allem mit den Schulleitungen, aber auch mit den Lehrpersonen, als Grundlage des Einsatzes digitaler Medien zur individuellen Förderung differenziert benannt.

Als erste Basis für das Gelingen des individualisierten digital-gestützten Lernens wird die Verständigung über den Umgang mit Heterogenität und eine gemeinsame Haltung in der grundlegenden Ausrichtung des Handelns angesehen. Diese werden im Hinblick auf das eigene Handeln oder auf die Weiterentwicklung der Einzelschule einerseits als Gelingensbedingung im Sinne einer Voraussetzung benannt und andererseits als eine Art Rückhalt oder Bestärkung durch das Wissen, dass man an einer gemeinsamen Idee arbeitet, erlebt. Dies wird in Kapitel 2.1.1 näher ausgeführt. Als zweite Basis wird ein gemeinsames Verständnis zur Rolle der Schule in der ‚Kultur der Digitalität' für den Prozess der Implementierung digitaler Medien in das Lehren und Lernen als Gelingensbedingung benannt (siehe Kapitel 2.1.2). In einigen Schulen steht dies am Anfang des Prozesses, um als Team die Einführung, die Nutzung und das Ausprobieren digitaler Medien und ihrer Möglichkeiten anzugehen. An anderen Schulen wird dabei weniger gleichschrittig vorgegangen. Die Verständigung darüber, was Ziel dieser Entwicklung ist oder sein kann, wird allerdings von allen Beteiligten als fundamental angesehen oder erlebt. Als dritte Basis wird die Verständigung über und die Umsetzung von Flexibilisierungen des Lehrens und Lernens betrachtet (siehe Kapitel 2.1.3), die als Gelingensbedingung dafür aufgefasst wird, dass Möglichkeitsräume für Digitales, und damit auch für individualisiertes Lernen mit digitalen Medien, entstehen können.

2.1.1 Kontinuierliche Verständigung über den Umgang mit Heterogenität und gemeinsame Ziele

Die Heterogenität von Schüler*innen wird seit langem und vielfältig diskutiert, sei es unter der Perspektive von Bildungsgerechtigkeit, wie im Nachgang der ersten PISA-Studien, oder im Hinblick auf Inklusion und (Hoch-)Begabung. Dabei geraten je nach Fokus unterschiedliche Merkmale von Schüler*innen in den Blick. Gemeinsam ist den Diskussionen, dass Schule und Unterricht als Orte und Lehrpersonen und Schulleitungen als Verantwortung tragende Akteur*innen für die Herstellung von Bildungsgerechtigkeit adressiert werden.

Gleichzeitig zeigt sich in Forschung und Praxis, dass Heterogenität keine absolute Eigenschaft ist, sondern relational, da sie erst durch Vergleiche festgestellt wird und als Konstrukt vom jeweiligen Maßstab und den angelegten Kriterien abhängig ist. Da in der Auseinandersetzung mit dem Heterogenitätsbegriff folglich immer nur einzelne Aspekte, hinsichtlich derer sich Schüler*innen zu einem konkreten Zeitpunkt unterscheiden, beschrieben werden können, bleibt die Diskussion darüber, welche Dimensionen oder Merkmale jeweils bedeutsam sind, immer nur bruchstückhaft (vgl. Sturm, 2016, S. 19). Welche Merkmale in den Blick genommen werden, hängt auch davon ab, weshalb Schüler*innen hinsichtlich ihrer Unterschiedlichkeit betrachtet werden. Bei Zuweisungen von Ressourcen sind es die etablierten Differenzkategorien Migrationsstatus oder Migrationshintergrund, sozioökonomischer Status der Familie oder ein attestierter sonderpädagogischer Förderbedarf. In der empirischen Bildungsforschung werden oftmals die soziale Herkunft, die Geschlechtszugehörigkeit oder der Zuwanderungshintergrund betrachtet. Bei der Planung von Unterricht sind für Lehrpersonen insbesondere Differenzkategorien wie Vorwissen, Interessen, Motivation, Arbeitstechniken, fachliche Kompetenzen, Selbstkonzept(e) oder Selbstregulationsfähigkeiten der Schüler*innen bedeutsam.

Die Frage, wie mit dieser vielfältig feststellbaren Unterschiedlichkeit der Schüler*innen so umzugehen ist, dass allen die gleichen Chancen auf eine erfolgreiche Bildungslaufbahn eröffnet werden, ergibt ein scheinbar unendliches Feld von Handlungsmöglichkeiten auf allen schulischen Ebenen, das immer wieder neue Impulse für die Schul- und Unterrichtsentwicklung bietet. Diesbezüglich berichtet eine befragte Schulleitung eines Gymnasiums von strukturellen Veränderungen und personellen Fluktuationen an der eigenen Schule:

> Und das macht es sehr schwer, Standards, die mal existierten, einfach weiter im System zu halten. Und das sind diese Rahmenbedingungen, wo ich feststelle, da sind wir wieder in einem Rückschritt begriffen und haben uns jetzt tatsächlich [...] wieder ein neues Schulentwicklungsziel zu setzen. Und das wird interessanterweise darauf hinauslaufen, dass es um das selbstgesteuerte Lernen geht, also eigentlich wieder den Blick dahin nehmen und das in Kombination letzten Endes mit der Digitalisierung. Also das schreiben wir uns wieder auf die Fahnen, das heißt, die Kollegen merken selber, [...] dass wir da wieder Entwicklungspotential haben und dass wir da auch jetzt wieder rangehen.

Es lässt sich festhalten, dass Lehrpersonen und Schulleitungen die Verständigung über und/oder ein geteiltes, kontinuierlich reflektiertes Verständnis vom Umgang mit der Heterogenität der Schüler*innen als grundlegende Gelingensbedingung darstellen. Dabei geht es sowohl um eine Auseinandersetzung innerhalb des Kollegiums im Sinne einer Haltung, als auch um Fragen der individuellen Schwerpunktsetzungen einzelner Kolleg*innen. Beides wird als wichtige Basis für die gemeinsame Weiterentwicklung von Schule und Unterricht insbesondere mit Blick auf individualisiertes Lernen mit digitalen Medien von Lehrpersonen und Schulleitungen betont. Zwei Schulleitungsmitglieder einer Grundschule beschreiben dieses geteilte Verständnis und die Herausforderungen für das Kollegium wie folgt:

> Schulleitung_1: Wir müssen ja hier auch konsensuell arbeiten. [...] Und wenn man sich jetzt mal die einzelnen Bausteine individualisierten Lernens anguckt – bei denen ich denke, es gibt hier ein Einvernehmen im Haus, dass das zentral ist – ist [...] tatsächlich mit der Beobachtung anzufangen [...]. Das heißt, es gibt hier einen ausgeprägten Blick auf die einzelnen Kinder auch in diagnostischer Hinsicht und eben auch über sonderpädagogische Förderbedarfe hinaus, das heißt, also grundsätzlich ist erstmal schon angelegt, tatsächlich das einzelne Kind konkret in den Blick zu nehmen. [...] Und ich glaube, es ist das grundliegende Bild vom Kind, dass die aktive Rolle im Lernprozess sozusagen als Schöpfer seiner selbst annimmt. Von diesem Bild des Kindes ausgehend impliziert das dann auch das Bild des Pädagogen eher als Lernbegleiter, als Unterstützer, denn als Lenker und Führer und Belehrer. Das sind so die Rahmendaten und dann gehört sicherlich auch dazu, das unterrichtliche Verständnis anzugucken, dass man wirklich im Unterricht nicht im Gleichschritt vorgeht, sondern dass wir mit Wochenplänen arbeiten, die sehr auf den Leistungsstand des Einzelnen ausgerichtet sind.

> Schulleitung_2 dazu ergänzend: [...] Die Lehrkraft als Lernbegleiter, das spricht sich so leicht, aber das ist ja auch schon eine gewisse Haltungssache und eine Schwierigkeit, denn das Kollegium ist mit Ausnahmen ja eher jünger und hat Ängste, Vorgaben der Lehrpläne zum Beispiel nicht zu schaffen. Und da muss auch eine gewisse Ruhe entstehen und ein Vertrauen zu dem Kind, dass es seinen Lernprozess in Begleitung leistet,

auch wenn nicht alle zur selben Zeit am selben Thema [...] arbeiten.

Dabei kann auch ein grundsätzlich positiver Blick auf Heterogenität aus Sicht einzelner Lehrpersonen durchaus die Gefahr bergen, dass die Kategorien oder Merkmale, mit denen Heterogenität beschrieben wird, Schüler*innen im Sinne einer Etikettierung darauf reduziert oder festlegt. Dies zu reflektieren und Anlässe zu schaffen oder zu erkennen, die geeignet sind, aus einer anderen Perspektive oder in anderen Situationen Schüler*innen als kompetent zu erleben, wird dabei als hilfreich erlebt.

Eine Lehrperson beschreibt die Offenheit für Entwicklung und Veränderung als größte Herausforderung in Bezug auf Individualisierung:

> Ein bisschen dieser Umgang mit Stereotypen, auch den eigenen Stereotypen im Sinne von Schubladen, dass ein Kind leicht in eine bestimmte Schublade gelangt, auch wenn man selber jetzt nicht so plakativ denkt, aber im Endeffekt, das Kind ist vielleicht ein bisschen fauler, das Kind quatscht immer, das Kind ist manchmal respektlos oder so. Und ich denke schon, dass man dazu neigt, den Kindern ein gewisses Etikett zu geben oder sie in einem bestimmten Licht zu sehen und weniger offen dafür zu sein, dass sie das Verhalten noch einmal ändern. Und das ist ja manchmal auch lehrkraft- oder fachspezifisch. Und wenn man es schafft, da mal außerhalb der Box zu denken oder das Kind in einem anderen Kontext zu erleben, ist das immer sehr hilfreich. Also ich kann mal ein Beispiel geben, ein Kind, das [eine andere Erstsprache als Deutsch hatte ...] Und ich hatte sehr viele Schwierigkeiten mit ihm und seinem Arbeitsverhalten. Und dann war ich einmal zur Vertretung [in einem anderen Fach] und da ist er total aufgegangen und ist mit ganz viel Energie vorne mit dabei. Und das war so hilfreich für mich, das Kind mal in einem anderen Kontext zu sehen und zu sehen: Ach Mensch, er hat noch andere Seiten. Also, die größte Herausforderung, denke ich, ist, im Austausch zu bleiben, im Dialog zu bleiben, auch mit anderen Kolleg*innen, dass die Kinder die Möglichkeit haben, sich immer auch aus den Vorstellungen und der Erwartungshaltung heraus zu entwickeln.

Als relevant und hilfreich erweist es sich, sich zunächst über die unterschiedlichen Sichtweisen und Vorstellungen zum Umgang mit Heterogenität innerhalb des Kollegiums auszutauschen und ein geteiltes Verständnis und damit verbundene Ziele als Basis zu vereinbaren.

Mögliche Fragen mit Blick auf die Verständigung über den Umgang mit Heterogenität und geteilte Ziele, um die eigene oder gemeinsame Reflexion innerhalb der Schule anzuregen und/oder um Schulen in ihrer Entwicklung zu begleiten:

- Könnte ich formulieren, was an meiner Schule die grundlegende, Orientierung bietende Idee oder unsere Vision zum Umgang mit Heterogenität in Lehr-Lernsettings ist?
- Welche Aspekte werden an unserer Schule als besonders bedeutsam zur Beschreibung der wahrgenommenen Heterogenität erlebt?
  - Welche Merkmale, Dimensionen, Kategorien oder Eigenschaften haben wir im Blick, wenn es um die Heterogenität der Schüler*innen geht?
  - Warum erleben wir diese als bedeutsam?
  - Welche beachten wir weniger oder gar nicht und warum?
- Auf welchen Vorstellungen von Kindern und Jugendlichen und deren Lernen beruht das Handeln der Lehrpersonen an unserer Schule? Welche Perspektive auf oder welchen Umgang mit Heterogenität legen diese nahe?
- Worin besteht der Minimalkonsens an unserer Schule zum Umgang mit Heterogenität und wie zufrieden bin ich selbst und wir innerhalb des Kollegiums damit? Was fehlt mir, was wünsche ich mir noch?
- Bietet mir unser Leitbild Orientierung und Sicherheit bei meinen Entscheidungen zum Umgang mit Heterogenität in Lehr-Lernsettings?
- Wollen wir als Schulgemeinschaft unsere gemeinsame Idee zum Umgang mit Heterogenität in Lehr-Lernsettings schärfen und wenn ja, wie?

2.1.2 Kontinuierliche Verständigung über Schule in der Kultur der Digitalität

Der digitale Wandel steht nicht nur für die Omnipräsenz und den zunehmenden Einsatz von digitalen Technologien, sondern umfasst auch den damit einhergehenden tiefgreifenden Wandel unserer Lebenswelt, durch eine Veränderung des gesellschaftlichen Umgangs mit Wissen und Informationen und den neuen Möglichkeiten des Miteinanders in der Gesellschaft, mithin also auch in Schule und Unterricht (vgl. Stalder & Kuttner, 2022, S. 9). In einer digital geprägten

Welt verlieren etablierte Ordnungsstrukturen in Form von Gatekeepern, z. B. in Verlagen oder Redaktionen, durch die „Wesentliches von Unwesentlichem, Wahres von Falschem und Relevantes von Irrelevantem getrennt wurde, bevor die jeweiligen Informationen publiziert wurden" (Krommer, 2021, S. 64) an Bedeutung. Da das Internet die Möglichkeit bietet, dass sich Menschen selbst aktiv beteiligen und Wissen (zum Beispiel über soziale Medien) veröffentlichen können, entsteht eine grundsätzliche Unübersichtlichkeit, der nach Stalder (2017) mit drei Formen des Ordnens begegnet werden kann:

- die *Referentialität*, „also das Erstellen eines persönlichen Bezugssystems" (ebd.), welches all die Dinge, die jedem Einzelnen begegnen, in einen konkreten Bedeutungszusammenhang bringt und dabei „auch das eigene Verhältnis zur Welt und die subjektive Position in ihr (mit-)bestimmt" (ebd.). Sich ohne dieses persönliche Bezugssystem als einzelnes Individuum in der Flut der digital verfügbaren Informationen zurechtzufinden, ist nicht mehr möglich.
- das Prinzip der *Gemeinschaftlichkeit*, denn in Gemeinschaften, wie sie sich z. B. in sozialen Netzwerken zeigen, entstehen soziale Referenzbeziehungen, die ebenfalls einen wichtigen Beitrag zur Orientierung in der digitalen Welt leisten.
- *Algorithmizität*, die jene Prozesse bezeichnet, „die von Maschinen (vor-)geordnet werden" (ebd.). Algorithmen transformieren die Daten und Informationen im Internet „in Dimensionen und Formate, welche durch die menschliche Wahrnehmung erfasst werden können" (ebd.) und sind damit an der Entstehung von individuellen und sozialen Referenzsystemen sowie Ordnungen beteiligt.

In der durch Digitalisierung als technischem Prozess entstandenen (oder auch noch entstehenden) Kultur der Digitalität verschieben sich aber nicht nur Wissens- und Ordnungsstrukturen, sondern infolgedessen auch andere gesellschaftliche Bezugs- und Relevanzsysteme. Dieser gesellschaftliche Prozess der Digitalisierung findet nicht (nur) außerhalb der Schule statt, sondern führt auch in der Schule zur Erosion und Neuordnung sowie zu höherer Komplexität. Schüler*innen haben beispielsweise Zugriff auf soziale Medien und andere digitale Tools, wodurch im Sinne der *Referentialität* und *Gemeinschaftlichkeit* neue soziale Ordnungen, jedoch auch Anforderungen entstehen. Schüler*innen haben persönliche Bezugssysteme aufgrund digital verfügbarer Informationen sowie soziale Referenzbeziehungen durch eine neue Art der digitalen Vergemeinschaftlichung. In diesen neuen, komplexeren Ordnungen benötigen sie zusätzliche Kompetenzen.

Eine Schulleitungsperson einer Gelindi-Schule fasst die mit der Digitalisierung und der Kultur der Digitalität zusammenhängenden vielfältigen Potentiale, Verschiebungen und Herausforderungen für Schule, Unterricht und Lehrpersonen wie folgt zusammen:

> Wir haben einen großen Kulturwandel [...] durch die Digitalisierung oder Digitalität. Und natürlich wirkt der sich auch auf Schulen aus und auf das Lernen. Lernen bleibt weiterhin im Gehirn und findet analog statt. Aber die Instrumente werden andere. Und auch Haltungen dazu. Also Digitalität mal so ganz banal ist ja mehr, als dass ich jetzt ein E-Book habe [...] auf dem Tablet oder dass ich jetzt Dokumente leichter austauschen kann und so weiter, das sind ja eher vordergründige Dinge. Es [...] macht ja was [...] mit dem Lernen, wenn die Kinder jetzt über dieses Gerät Zugriff haben auf die Welt des Wissens und sich überall Wissen holen können. Sie brauchen andere Kompetenzen. Sie brauchen jetzt die Kompetenz zu entscheiden zwischen seriösen, unseriösen Informationen und so weiter, das ist hochkomplex. Das ist eine neue Kompetenz, die sie jetzt viel stärker brauchen. Aber sie sind natürlich auch ein Stück weit unabhängiger von der Lehrperson, viel unabhängiger. Und das macht wieder was mit dem Schüler-Lehrer-Verhältnis. Das ist bei uns an der Schule insofern gut, weil bei uns Selbstorganisation schon immer ein Thema war. Aber für andere Schulen ist das schon ein Hammer und wenn die das verhindern wollen und das tun sie, also wenn ich in der traditionellen Lernkultur bin, dann setze ich digitale Geräte nicht so ein, wie ich meine, dass das in der Gesellschaft sein müsste.

Ein Ziel ist beispielsweise die Verständigung im Kollegium darauf, dass Schüler*innen auch in der Grundschule grundlegende ‚digitale' Kompetenzen benötigen, um mit den in individualisierten Lehr-Lernsettings eingesetzten digitalen Medien umgehen zu können. Darüber hinaus bietet diese grundlegende Verständigung die Möglichkeit, die nötige Offenheit für eine digitalisierungsbezogene Schulentwicklung anzustoßen, wie das Zitat einer Schulleitungsperson eines Gymnasiums verdeutlicht:

> [...] Also ich bin bemüht, auch im Dialog mit den Kolleginnen und Kollegen wegzukommen von solchen Diskussionen über: Was ist jetzt die richtige Form des Unterrichts. Also wenn man von individualisiertem Unterricht spricht, dann gibt es Einzelne, die immer noch so eine Vorstellung haben von: ‚Das kann doch jetzt nicht sein, dass ich für irgendwie zehn verschiedene Leistungsniveaus in der Stufe zehn verschiedene Ar-

beitsaufträge mache.' Und darum geht es ja gar nicht unter dem Strich, sondern erst viel mehr darauf zu gucken: Wie lernen denn unsere Kinder, wie hat sich das Lernen verändert aufgrund einer veränderten Gesellschaft? Sowohl was die gesamten Strömungen angeht, die wir gerade erleben, die gesellschaftliche Umbrüche hervorrufen, aber natürlich auch Kinder, die in einer digitalisierten Welt groß geworden sind, die eben anders ist als die, die wir alle selber erfahren haben. Und was heißt das für das Lernen? Und wie kann ich feststellen, dass Lernen erfolgreich ist und wie kann ich Schülerinnen und Schüler darin unterstützen? Also so, dass man da den Blick drauflegt und so ein bisschen von diesen Kämpfen, ob denn jetzt der Gruppenunterricht oder der Projektunterricht oder der Frontalunterricht das Maß der Dinge ist [wegkommt], hin zu einer Auseinandersetzung mit dem Lernbegriff. Also das ist tatsächlich eigentlich im Fokus und das Ganze in Kombination mit: Wie muss ich das denken in einer digitalen Kultur? [...] Wir müssen gucken, was das im Großen bedeutet. Worauf bereiten wir eigentlich die Schülerinnen und Schüler vor, die jetzt hier an der Schule sind? Was müssen die können, um in fünf oder in sechs Jahren Gesellschaft mitgestalten zu können und ihr Leben meistern zu können? [...] Die Gespräche verändern sich tatsächlich in diese Richtung.

Als Grundlage für den Einsatz digitaler Medien zur individuellen Förderung wird eine Verständigung und/oder ein geteiltes, kontinuierlich reflektiertes Verständnis über die Zielsetzungen und Herausforderungen für das Lehren und Lernen in einer Kultur der Digitalität angesehen. Eine Verständigung über die Möglichkeiten und Herausforderungen des Lehrens und Lernens in einer Kultur der Digitalität kann dazu führen, dass zielgerichteter an einer gemeinsamen Vision und Zielsetzung bezüglich des Einsatzes digitaler Medien für individuelle Förderung gearbeitet werden kann.

Mögliche Fragen mit Blick auf die Verständigung über Schule in der Kultur der Digitalität, um die eigene oder gemeinsame Reflexion innerhalb der Schule anzuregen und/oder um Schulen in ihrer Entwicklung zu begleiten:

- Wie würde ich meine Haltung und die des Kollegiums gegenüber der Digitalisierung beschreiben? Welche Aspekte werden an unserer Schule in Zuge der Digitalisierung als bedeutsam erlebt und warum?
- Wie würde ich meine Haltung und die des Kollegiums gegenüber Schule in einer Kultur der Digitalität beschreiben? Welche Aspekte werden an unserer Schule als bedeutsam für Schule in einer Kultur der Digitalität erlebt und warum?
- Worin sehe ich an meiner Schule die größten Veränderungen oder Herausforderungen in einer Kultur der Digitalität?
  - › Welche gemeinsamen Gestaltungswege und Entwicklungsimpulse lassen sich daraus ableiten?
  - › Welche Wege werden schon gemeinsam beschritten?
- Gibt es einen Minimalkonsens an unserer Schule zur Förderung fachlicher und überfachlicher Kompetenzen von Lernenden in einer Kultur der Digitalität?
- Wenn ja, worin besteht er und wie zufrieden bin ich selbst und das Kollegium oder die Schulleitung damit?
- Gibt es etwas, was uns fehlt und was wir uns wünschen würden?

2.1.3 Die Flexibilisierung von Lehr-Lernsettings eröffnet Möglichkeitsräume für Digitales

Im Folgenden wird die Verständigung über und die Umsetzung von Flexibilisierungen des Lehrens und Lernens als Teil von Schulkultur betrachtet.

An mehreren Gelindi-Schulen finden sich verschiedene Formen der Flexibilisierung sowie des Neu- und Weiterdenkens klassischer Unterrichtsstrukturen, die insbesondere die Schüler*innenorientierung in den Fokus rücken. Hierzu gehören unter anderem das fächerübergreifende Lernen, selbstorganisierter Unterricht im Bausteinsystem oder mit Kompetenzübersichten, Unterricht mit Werkstattcharakter und/oder projektförmiges Lernen. Eine Gemeinsamkeit der Schulen, an denen Lehr-Lernsettings stärker fächerübergreifend organisiert sind, ist, dass sich diese bei der Struktur der Lehr-Lernsettings eher an der Art der Auseinandersetzung oder Betätigung orientieren. Die fachliche Vermittlung oder Erarbeitung und Sicherung findet an all diesen Schulen vor allem im selbstorganisierten Lernen, bei dem die Schüler*innen eigenständig individualisiert arbeiten, statt. Die Freiheitsgrade für Schüler*innen bezüglich der Fachinhalte und Bearbeitungszeiten variieren: Von freier Wahl des Zeitpunkts und der Inhalte, damit die Schüler*innen dies mit Projektarbeiten verbinden können, bis zu Kernzeiten für das selbstorganisierte Lernen mit thematischen Vorgaben zu den zu bearbeitenden Fächern.

Diese Neu- und Umstrukturierungen werden von Lehrpersonen als hilfreich sowie als Erleichterung für ein exemplarisches und/oder konzeptuelles Ausprobieren digitaler Medien wahrgenommen. Dafür ist aber nicht unbedingt eine grundständige Umstrukturierung notwendig, denn auch niedrigschwelligere Flexibilisierungen im Hinblick auf Zeit, wie bei integrierten Freiarbeitsphasen oder kleinere Veränderungen bezüglich der Arbeitsformen oder Fachgrenzen, wie bei einem festen Zeitfenster für (fächerübergreifende) Projektarbeit, werden als Eröffnung von Möglichkeitsräumen für Erfahrungen mit und den Einsatz von digitalen Medien wahrgenommen.

Das Zusammenspiel eines gemeinsamen grundlegenden Verständnisses von Heterogenität mit Überlegungen zur Organisation von Lehren und Lernen beschreibt eine befragte Schulleitung wie folgt:

» Unsere Vorstellung, die wir ja mal hatten im Zeitalter der Industrialisierung, dass man Homogenität organisieren könnte, die hat sich ja nun wirklich als falsch auf allen Ebenen herausgestellt. Und dann gab es eben Schulen, die haben sich auf den Weg gemacht, zu schauen, wenn wir Heterogenität anerkennen und anerkennen, dass wir das NICHT mit Homogenität organisieren können, die aus pragmatischen Gründen einfacher wäre, wenn es ginge. Aber nun ist es nicht so und nun muss man das anders organisieren und dann stellt man natürlich auch fest, dass Heterogenität auch ganz viele Chancen hat und ganz viele Vorteile bringt. Aber sie krempelt so eine Schule wirklich in allen Bereichen von rechts auf links. Das ist nichts, wo man mal sagen kann: „Ach, das machen wir im Unterricht mal. Und dann machen wir ein Stationenlernen und dann haben wir uns ganz toll um Heterogenität gekümmert." Sondern das zieht sich wie Digitalisierung in alle Bereiche der Schule hinein und Schule muss ganz anders organisiert werden. Und [diese Schule] hat dann versucht Lerngruppen anders zusammenzusetzen in jahrgangsgemischten Lerngruppen, um das Lernen auch untereinander zu erleichtern, um Erfolge besser organisieren zu können. Die Fachgrenzen sind praktisch aufgehoben worden, es sind andere Unterrichtskonzepte gemacht worden [u. a.] mit dem Projektunterricht [...]

Es konnte festgestellt werden, dass in den Gelindi-Schulen, die bereits weitreichende strukturelle Flexibilisierungen in der Organisation des Lehrens und Lernens implementiert und erprobt haben (u. a. Auflösen von Fächergrenzen, projektorientiertes und selbstorganisiertes Lernen, Jahrgangsmischung), die Akteur*innen offener und innovativer auch über den Einsatz digitaler Medien für die individuelle Förderung nachdenken. Diese Lehrpersonen wünschen sich eine Ermöglichung der Flexibilisierung von Lernorten durch die digitale Verfügbarkeit strukturierter Lehr-Lern-Gelegenheiten, z. B. durch die digitale Spiegelung ihrer pädagogischen Arrangements, oder auch vernetzte Lernlandschaften (z. B. Lernlandkarten) aus digitalen und analogen Materialien.

Wie Lehrpersonen, die bereits Erfahrungen mit veränderter Organisation und Strukturierung in individualisierten Lehr-Lernsettings haben, über den Einsatz digitaler Medien nachdenken, zeigt die Zielperspektive einer Lehrperson an einer Schule mit veränderten Strukturen exemplarisch:

» Ich glaube, man muss sich immer mehr von diesem Bild verabschieden [...], das ja immer noch sehr starr in den Schulen zu finden ist, dass alle Kinder gleichzeitig im gleichen Raum sitzen und das Gleiche machen [...] auch in unseren sehr individuellen Settings ist es ja doch noch so, dass wir alle zusammen da sind. Und ja, ich würde schon gerne dahin, dass man da viel mehr Freiheiten hat, dass Kinder Orte selber wählen können, Medien wählen können und da meine ich jetzt auch wirklich analoge mit, also analoge und auch digitale, dass sie sich Hilfe holen, wenn sie das von mir brauchen. Dann kann man auch, glaube ich, leichter solche digitalen Infrastrukturen sinnvoll einsetzen. Das wäre [...] sowas, wo ich persönlich gerne hinmöchte.

Als Vision formuliert dies auch eine Schulleitungsperson:

» Das wäre jetzt so meine Vision, [...] die Lehrkräfte sind vor Ort. Die Schüler*innen machen sich ihren Stundenplan selbst. [...] Macht man natürlich Vorgaben, ist ja völlig klar [...] am Anfang des Tages gibt es eine gemeinsame Phase einer bestimmten Tutorengruppe, die jahrgangsgemischt ist, gerne auch groß jahrgangsgemischt, also von [Jahrgang] fünf bis zehn vielleicht sogar. Und am Ende kommt man nochmal zusammen und dazwischen ist die Schule ein anregender, schöner Ort, an dem man gerne ist und an dem man mit einer digitalen Lernumgebung lernt, aber auch Phasen hat, in denen sich Schüler gegenseitig was präsentieren und zusammen lernen. Was ich auch super fände, wäre so ein schulweites Wiki, dass die Schüler*innen sich selber Dinge erklären über Videos, die sie gelernt haben und so weiter und sich helfen und sich dadurch vernetzen und miteinander lernen. [...] guter, offener Unterricht mit digitalen Medien an einem schönen Schulort wäre eigentlich meine Vision.

Das gemeinsame Ausloten der Möglichkeiten, Lehr-Lernsettings strukturell flexibler und individualisierter zu gestalten, schafft zugleich unterstützende Bedingungen für die Implementation digitaler Medien in individualisierte Lehr- und Lernprozesse.

Mögliche Fragen mit Blick auf die Flexibilisierung von Lehr-Lernsettings, um die eigene oder gemeinsame Reflexion innerhalb der Schule anzuregen und/oder um Schulen in ihrer Entwicklung zu begleiten:

- Wie ist das Lehren und Lernen an unserer Schule organisiert?
  - Inwiefern ist dieses auf die Individualisierung von Lernen ausgelegt?
  - Welche Möglichkeitsräume ergeben sich dabei *für* den Einsatz digitaler Medien?
  - Welche Möglichkeitsräume ergeben sich dabei *durch* den Einsatz digitaler Medien?
- Welche Möglichkeiten zur Flexibilisierung und/oder Neu- und Umstrukturierung der Organisation von Lehren und Lernen sehe ich an unserer Schule, um individualisiertes Lernen zu realisieren?
  - Welche Möglichkeitsräume ergeben sich dabei *für* den Einsatz digitaler Medien?
  - Welche Möglichkeitsräume ergeben sich dabei *durch* den Einsatz digitaler Medien?
- Wie sieht unsere Vision individualisierter digitalgestützter Lehr-Lernsettings an der Schule aus? Welche Aspekte sind dabei besonders bedeutsam, welche eher nachrangig?
- Welche Rahmenbedingungen für eine Umsetzung sind bereits vorhanden? Welche wären noch erforderlich, um diese Vision umzusetzen? Wer kann dabei wie beitragen und unterstützen?

2.2 Schulleitungshandeln zur Gestaltung der Entwicklung individualisierten Lehrens und Lernens in einer digitalen Welt

In aktuellen Modellen digitalisierungsbezogener Schulentwicklung werden die bekannten Dimensionen der Schulentwicklung der Organisations-, Personal- und Unterrichtsentwicklung (Trias der Schulentwicklung nach Rolff) um die Kooperationsentwicklung und die Technologieentwicklung erweitert (vgl. Eickelmann & Gerick, 2017; Gerick et al., 2023; KMK, 2021). Die Verständigung auf ein gemeinsames Verständnis über Heterogenität und Schule in der Kultur der Digitalität kann dabei sowohl eine Entwicklungsaufgabe der gesamten Einzelschule im Sinne von Organisationsentwicklung darstellen, als auch auf Ebene der einzelnen Lehrpersonen im Sinne von Personalentwicklung zur kontinuierlichen Professionalisierung beitragen. Als Grundlage des Einsatzes digitaler Medien zur individuellen Förderung – und damit der Dimension der Technologieentwicklung zuzuordnen – gilt das Vorhandensein und der Ausbau einer zu den schulischen Bedarfen passenden IT-Infrastruktur. Welche Ausstattung – über funktionierendes Internet/WLAN und digitale Präsentationstechnik hinaus – als angemessen angesehen wird, hängt von den Zielen des Lehrens und Lernens und damit auch den Zielen auf Ebene der Unterrichtsentwicklung ab, ebenso wie von den Bedarfen und Voraussetzungen der Schüler*innen. An den an Gelindi beteiligten Grundschulen wird beispielsweise nicht erwartet, dass jedem Kind ein eigenes Endgerät zur Verfügung steht, anders als an den weiterführenden Schulen, vor allem in der Sekundarstufe II. Kooperationsentwicklung meint neben externer Kooperation auch schulinterne Kooperation (siehe Kapitel 2.3). Da Schulleitungen eine besondere Bedeutung für alle Dimensionen digitalisierungsbezogener Schulentwicklung, auch im Kontext der Umsetzung individueller Förderung mit digitalen Medien, zukommt, wird die Rolle der Schulleitungen nachfolgend als vierte Basis thematisiert.

Dass Schulleitungen eine zentrale Rolle bei der Initiierung, Umsetzung und Begleitung von Schul- und Unterrichtsentwicklungsprozessen spielen, ist hinlänglich bekannt (vgl. Buchen & Rolff, 2019; Tulowitzki & Pietsch, 2020). Mit ihrem Führungshandeln können sie im Rahmen der Möglichkeiten an der Einzelschule Ressourcen für Entwicklungsprozesse zur Verfügung stellen, die Bedingungen für Schul- und Unterrichtsentwicklung gestalten, aber auch selbst als Vorbild fungieren. Die in Gelindi befragten Schulleitungen betonen es als ihre zentrale Aufgabe, auf Passung zu achten und diese zu unterstützen oder herzustellen: Passung zwischen der Art und Weise der schulischen Entwicklung und den Ressourcen, aber auch Passung innerhalb des Kollegiums mit Blick auf eine fruchtbare Zusammenarbeit. Dies kann somit als wichtiger Ansatzpunkt der schulischen Entwicklungsarbeit betrachtet werden, wenn es um die Umsetzung individueller Förderung mit digitalen Medien geht.

Als relevant erachten die befragten Schulleitungen und Lehrpersonen die Schaffung von Möglichkeitsräumen und Strukturen für Entwicklungen hin zu einem verstärkten und didaktisch reflektierten Einsatz digitaler Medien sowie für Erprobungen in Bezug auf individuelle Förderung mit digitalen Medien. Dabei nimmt die Schulleitung eine wichtige, auch initiierende Rolle ein, um das Kollegium auf diesem Weg mitzunehmen. Dabei wird die Herstellung von Passung zwischen Schulentwicklungsmaßnahmen und den Voraussetzungen und Bedarfen innerhalb des Kollegiums als zentrale Bedingung dafür formuliert. Eine Schulleitungsperson einer Stadtteilschule beschreibt ihre Rolle bei der Entwicklung einer schulischen Vision:

> Ich sehe meine Rolle darin, Visionen mit den Kolleg*innen zu erarbeiten. Dazu gehört auch heterogenitätsorientierter Unterricht [...]. Manchmal ist es so, dass die Kolleg*innen auch noch gar nicht so weit sind und den Blick noch nicht so weit nach vorne richten können, dann komme ich auch und werbe und versuche die zu überzeugen. Das gelingt mir in der Regel ganz gut, so im ersten Schritt für den Impuls. Dann dran zu bleiben und das wirklich auch zu implementieren und dann durch die Täler zu gehen, die man immer hat bei Entwicklungsprozessen und die Kollegen da durchzuführen und das ist schon eine herausfordernde Aufgabe.

Die Erkenntnisse aus dem Gelindi-Projekt zur Rolle der Schulleitung lassen sich nach den fünf Prinzipien des *Leadership for Learning* (vgl. MacBeath, 2020, auch lernzentriertes Leitungshandeln, vgl. Tulowitzki & Pietsch 2020; im Folgenden mit den deutschsprachigen Übersetzungen aus Gerick & Tulowitzki, 2023, S. 259) beschreiben. Diese fokussieren die Zusammenarbeit innerhalb der Schulgemeinschaft und schließen daher sowohl die Ebene des Leitungshandelns als auch die Ebene des Lehrens und Lernens ein.

1. *Fokus auf Lernen*
   Die Schulleitungen an den Gelindi-Schulen rücken zwar das Lernen der Schüler*innen in den Mittelpunkt ihrer Arbeit in der Schulgemeinschaft, haben dabei aber auch das Lernen der Lehrpersonen im Blick, wie in Kapitel 2.1.1 im Hinblick auf die Etablierung einer gemeinsamen Basis zum Umgang mit Heterogenität deutlich wird. Darüber hinaus betonen sie immer wieder, dass Schul- und Unterrichtsentwicklung nur gemeinsam als Team zielführend möglich ist.

2. *Schaffung lernförderlicher Bedingungen*
   Im Hinblick auch auf das Lernen der Lehrpersonen gehört die Schaffung von Möglichkeitsräumen für das Erproben von digitalen Medien im Unterricht dazu (siehe hierzu u.a. auch Kapitel 3). Im Hinblick auf das Lernen der Schüler*innen werden diese partiellen strukturellen Veränderungen oder Neustrukturierungen von Schulleitungen nur umgesetzt, wenn diese zur Einzelschule passen und das Kollegium diese Entscheidungen mitträgt, zumindest indem es sich offen und veränderungsbereit beteiligt.

3. *Herstellung eines Dialogs über Führung und Lernen an der Schule*
   Die Unterstützung, Förderung und Anregung der gemeinsamen Basis im Kollegium im Hinblick auf den Umgang mit Heterogenität und ein gemeinsames Verständnis zu Bildung in der Kultur der Digitalität (siehe Kapitel 2.1.1 und 2.1.2) durch die Schulleitungen ermöglicht einen teaminternen Austausch über Führung. Ebenso bildet dieser Austausch die Grundlage für die Reflexion der Lehrpersonen über ihre Rolle in Lehr-Lernsettings (siehe hierzu vertiefend Kapitel 4.1.2) oder für den Austausch mit Schüler*innen in Form von Feedback über Verantwortung für das Lernen (siehe hierzu vertiefend Kapitel 4.1.3).

4. *Gemeinsame Verantwortungsübernahme*
   Das bereits dargestellte Geflecht von Kommunikation über Lernen und Steuerung, von Freiräumen und Unterstützung an den Gelindi-Schulen kann als Kultur der Verantwortung und der Verantwortungsübernahme interpretiert werden.

5. *Aktives Teilen von Führung*
   Diesem Bereich des Teilens von Führung entsprechen die von den Schulleitungen der Gelindi-Schulen berichteten Möglichkeiten zur Unterstützung der Implementierung digitaler Medien in (individualisierende) Lehr-Lernsettings. Diesbezüglich lassen sich drei Strategien an den Gelindi-Schulen identifizieren, die zum Teil auch gemeinsam umgesetzt werden:

- Ein expliziter oder impliziter Rückzug der Schulleitung, um Pionier*innen, Aktiven oder fachlich versierteren Kolleg*innen Handlungsspielräume zu bieten
- Die (stärkere) Einbindung von Steuer- oder anderen Arbeitsgruppen in den Unterrichtsentwicklungsprozess mit Blick auf den Einsatz digitaler Medien u.a. für individuelle Förderung
- Das Einrichten von Funktionsstellen zur Delegation von entsprechenden Aufgaben, um sich anderen unterstützenden Aufgaben zuwenden zu können

Das folgende Zitat einer Schulleitungsperson einer Stadtteilschule illustriert die von uns gewählte Metapher der Schulleitung als Wegbereiter*in. In den von der Schulleitungsperson erläuterten Aufgaben zeigt sich ein eindeutig lernzentriertes Leitungshandeln:

» Zum einen sehe ich meine Aufgabe darin, tatsächlich so relativ klassisch, für ein strukturiertes organisatorisches Umfeld zu sorgen, das den Kolleginnen und Kollegen ermöglicht, mit möglichst wenig Reibungsverlusten ihrer Kerntätigkeit, nämlich der Arbeit mit den Schülerinnen und Schülern, nachzugehen. Das ist ganz entscheidend und ich glaube auch ungeheuer wichtig, dass das sozusagen einigermaßen stimmig ist, dann stimmt natürlich an vielen Ecken und Enden es natürlich dann im Einzelnen nicht, aber trotzdem, glaube ich, gelingt uns das ja meistens. Das ist sicherlich das eine. Und dann besteht sie natürlich auch darin, Gemeinsamkeiten zu erzielen zwischen Kolleginnen und Kollegen, dass sie gut, vernünftig in diesem herausfordernden Umfeld Schule Gemeinsamkeiten entdecken und erleben und gemeinsam auch an Schulentwicklung und daran arbeiten, dass die Schule besser wird.

Da Schulleitungen es als ihre zentrale Aufgabe betonen, auf Passung zwischen der Art und Weise der schulischen Entwicklung und den Ressourcen, der Zusammensetzung sowie der Zusammenarbeit des Kollegiums zu achten, diese zu unterstützen oder herzustellen, kann das Schulleitungshandeln als ein Ansatzpunkt schulischer Entwicklungsarbeit mit Blick auf individuelle Förderung mit digitalen Medien betrachtet werden.

Mögliche Fragen mit Blick auf die Schulleitung, um die eigene oder gemeinsame Reflexion innerhalb der Schule anzuregen und/oder um Schulen in ihrer Entwicklung zu begleiten:

- Welche Rolle nimmt die Schulleitung/nehme ich als Schulleitung in der digitalisierungsbezogenen Schulentwicklung mit Blick auf den Umgang mit Heterogenität an meiner Schule ein?
- Wie setzt die Schulleitung/setze ich als Schulleitung vorhandene personelle, materielle und zeitliche Ressourcen in digitalisierungsbezogenen Schulentwicklungsprozessen mit Blick auf den Umgang auf Heterogenität ein?
- Inwieweit fördert die Schulleitung/fördere ich als Schulleitung die Zusammenarbeit und einem regelmäßigen Dialog über die digitalisierungsbezogene Schulentwicklung zur Berücksichtigung der Perspektiven, Ideen und Impulse aller schulischen Akteur*innengruppen zu individueller Förderung und dem Umgang mit Heterogenität?

2.3 Kooperation von Lehrpersonen in einer Kultur der Unterstützung und gegenseitigen Hilfestellung.

Die in den Ausführungen zur Kultur der Digitalität in Kapitel 2.1.2 dargelegte besondere Bedeutung der Gemeinschaft für den Umgang mit Informationen und zum Aufbau von Wissen ist nicht nur für Schüler*innen bedeutsam (siehe hierzu Kapitel 4.2.2), sondern auch für Lehrpersonen als Teil einer lernenden Schulgemeinschaft. Das Kollegium agiert in der Schule im Spannungsfeld zwischen Individualität und Gemeinschaft(-lichkeit), in dem durch die Einbindung digitaler Medien Verschiebungen oder Neujustierungen von Gemeinschaftlichem nötig werden. Im Folgenden wird die Bedeutung von Kooperation und Kooperationsentwicklung in diesem Kontext näher ausgeführt, wobei auch Bezüge zur Personalentwicklung deutlich werden.

Aus Forschung und Praxis ist bekannt, dass kollegiale Zusammenarbeit und Kooperation von Lehrpersonen unterstützend wirken kann. Dabei können drei Formen der Kooperation zwischen Lehrpersonen unterschieden werden (u. a. Gräsel, Fußangel & Pröbstel, 2006; Hartmann, Richter & Gräsel, 2021): *Austausch* meint die gegenseitige Information über berufsbezogene Inhalte und die Versorgung mit Materialien. *Arbeitsteilung* umfasst die Aufteilung der Arbeit zwischen Lehrpersonen, wobei das Ergebnis dann aus den Beiträgen der beteiligten Lehrpersonen entsteht (z. B. arbeitsteilige Vorbereitung von Lehr-Lerneinheiten). Mit *Kokonstruktion*, der anspruchsvollsten Form der Lehrpersonenkooperation, sind Prozesse gemeint, in denen jeweils individuelles Wissen von Lehrpersonen in einem intensiven Austausch so aufeinander bezogen wird, dass dabei neues Wissen entsteht oder gemeinsame Lösungen für Aufgaben oder Probleme entwickelt werden. Diese drei Formen der Kooperation lassen sich für Lehrpersonenkooperation im Zeitalter der Digitalisierung in vier verschiedenen Dimensionen finden (u. a. Drossel, Heldt & Eickelmann, 2020, S. 48): (1) Lehrpersonenkooperation mit digitalen Medien über den Einsatz digitaler Medien (2) Lehrpersonenkooperation ohne digitalen Medien über den Einsatz digitaler Medien, (3) Lehrpersonenkooperation mit digitalen Medien aber nicht über den Einsatz digitaler Medien sowie (4) Lehrpersonenkooperation ohne digitale Medien und nicht über den Einsatz digitaler Medien. Diese Formen und Dimensionen lassen sich auch spezifisch auf Lehrpersonenkooperation mit dem Ziel einer Ermöglichung von individueller Förderung mit digitalen Medien anwenden.

Die rasanten gesellschaftlichen und technologischen Entwicklungen in einer Kultur der Digitalität stellen hohe Anforderungen an die Kompetenzen von Lehrpersonen. Als umso bedeutsamer wird daher die kollegiale Zusammenarbeit und Kooperation an den Gelindi-Schulen eingeschätzt, um individuelle und schulische Entwicklungen voranzubringen. Dabei wird an vielen Schulen davon berichtet, dass sowohl Entwicklungsimpulse als auch Unterstützung im Sinne von Austausch von Pionier*innen ausgehen. Als Pionier*innen werden hier zum einen Lehrpersonen bezeichnet, die eine besondere Affinität zum Thema individuelle Förderung mit digitalen Medien aufweisen und damit zu Akzeptanz und Motivation innerhalb des Kollegiums beitragen können. Die Schulleitung einer Stadtteilschule beschreibt dies wie folgt:

> Wir haben in allen Klassenräumen, zum Teil auch in Fachräumen, schon seit längerer Zeit digitale Präsentationsgeräte für die Kolleginnen und Kollegen. Mittlerweile haben alle Kolleginnen und Kollegen ein iPad. Wir arbeiten gerade daran, dazu Verbindlichkeiten zu erarbeiten. Wir haben es erst alles auf freiwilliger Basis gemacht. Das hatte einen supertollen, ansteckenden Effekt, weil wir ganz tolle, motivierte Kolleginnen und Kollegen hatten, die einfach gesagt haben: ‚Ich habe Lust das auszuprobieren', und das immer weiter in die Fläche des Kollegiums getragen haben.

Zum anderen werden Lehrpersonen mit hohen ‚digitalen' Kompetenzen als ‚Pionier*innen' erlebt, da sie Entwicklungsprozesse mit Blick auf die Umsetzung individueller Förderung mit digitalen Medien unterstützen können, beispielsweise durch Unterstützung im Rahmen von schulischen Mikrofortbildungen zu verschiedenen Themen oder in niedrigschwelligem Austausch. Eine Lehrperson einer Stadtteilschule beschreibt ihre Erfahrungen diesbezüglich wie folgt:

> Es hat jeder bei uns einen Lernmanagement-System-Kurs. […] Nicht, dass das jetzt alles ist, aber das ist zumindest ein Anfang. Und dann kann man sich austauschen. […] frag doch mal bitte alle Englisch-Kollegen […] mit welchen Tools sie arbeiten?' Ja, dann tauscht man sich aus und recherchiert und findet tolle Dinge. Und so kamen wir auch zu einer Variation von ganz vielen Methoden und dass man sowas weitergibt als so ein Handwerkszeug.

Neben den beschriebenen Pionier*innen, die als wichtige Akteur*innen innerhalb der Schule wahrgenommen werden, wird insgesamt die Bedeutung einer Kultur der Unterstützung und gegenseitigen Hilfestellung hervorgehoben. Die kollegiale Zusammenarbeit vor allem in Fachkonferenzen oder überkollegiale Unterrichtsbesuche sowie die Einführung neuer Kolleg*innen wird in allen untersuchten Schulen als hilfreich und bedeutsam hervorgehoben, um arbeitsteilige und/oder kokonstruktive Prozesse im Kontext der Weiterentwicklung des Einsatzes digitaler Medien auch für individualisierte Lernprozesse voranzubringen.

Im folgenden Zitat der Schulleitungsperson einer Grundschule wird das Potential von kollegialer Zusammenarbeit im Kollegium verdeutlicht. Dabei wird auch die Bedeutung einer vertrauensvollen Basis im Kollegium als Grundlage von Kooperation und Unterstützung sichtbar.

> Dann haben wir gemerkt, dass wir uns noch weiterbilden wollen und haben uns überlegt, dass es bei uns einige Kollegen gibt, die sehr weit sind, die schon viel Erfahrung haben und wir davon profitieren wollen, was die für Erfahrungen gemacht haben und haben jetzt zum Beispiel [Name des Austauschformats] eingeführt. Das sind so kurze, kleine einstündige Fortbildungen, wo Kollegen einfach kommen können, die zum Beispiel nochmal etwas über den Worksheet Crafter erfahren wollen und dann zeigt eine Kollegin, die sich da gut auskennt, es den anderen. Oder wie mache ich das mit dem C-Touch, dass ich gleichzeitig meinen Laptop mitbringen kann oder so ganz einfache kleine Dinge, wo wir gesagt haben, die sind jetzt wichtig, um da einfach dran zu bleiben und dass auch alle Kollegen mitgenommen werden, auch manche, die eben bei der technischen Umsetzung schon Probleme haben. Und dann haben wir uns in den Fachkonferenzen ausgetauscht: Welche Apps wollen wir zum Beispiel nutzen? Welche Möglichkeiten gibt es da? Gibt es schon Unterrichtsbeispiele? Wo können wir die sammeln? Solche Entscheidungen sind da getroffen worden oder Austausch gab es da.

Anhand dieses Interviewausschnitts wird deutlich, dass die Einführung von schulinternen kleinen Fortbildungen auch ohne eine formelle Rahmung aus den bisherigen Strukturen oder schon etablierten Unterstützungsstrukturen und bereits vorhandener informeller kollegialer Zusammenarbeit entstehen kann.

Aber auch die Einführung neuer formeller Formen der Zusammenarbeit gelingen auf Grundlage von Offenheit und Vertrauen im Kollegium, wie aus den folgenden Ausführungen einer befragten Grundschullehrperson hervorgeht:

> Wir haben hier an der Schule das Digi-Team. Das ist schon sehr hilfreich, weil wir immer wieder auch Fortbildungen machen und uns da eben austauschen. Also das so als übergeordnete Funktionen, um alles Digitale zu bündeln, was hier bei uns an der Schule aufläuft. Wir treffen uns regelmäßig im Jahrgang in Konferenzen und auch in Fachkonferenzen tauschen wir uns natürlich aus.

Insgesamt werden in den Interviews bezogen auf das Kollegium die Ausgestaltung der Zusammenarbeit, schulinterne Fortbildungen und die Spannungen durch ein Kompetenzgefälle durch den Einsatz digitaler Medien diskutiert. Dabei werden die wechselseitige Unterstützung und kollegiale Zusammenarbeit als ebenso förderlich erlebt, wie einzelne Lehrpersonen als Pionier*innen oder Multiplikator*innen.

Die Kooperation innerhalb des Kollegiums, unterstützt durch das Vorhandensein von Personen im Kollegium oder in der Schulleitung, die von anderen als ‚Pionier*innen' erlebt werden, die voranschreiten, für Austausch und Unterstützung zur Verfügung stehen und andere auch von ihren Ideen überzeugen können, wird als wichtige Bedingung für eine gelingende Umsetzung und Weiterentwicklung von individueller Förderung mit digitalen Medien gesehen.

Mögliche Fragen mit Blick auf die Kooperation von Lehrpersonen, um die eigene oder gemeinsame Reflexion innerhalb der Schule anzuregen und/oder um Schulen in ihrer Entwicklung zu begleiten:

- Wie wird mit kollegialer Zusammenarbeit an unserer Schule umgegangen?
- Was gelingt dabei gut? Inwieweit könnte man davon in anderen Bereichen profitieren?
- Inwieweit erleben Lehrpersonen an unserer Schule das Kollegium als offenes und unterstützungsbereites Team?
- Welche Möglichkeiten sehe ich, die Zusammenarbeit im Team zu stärken? Haben wir in der Zusammenarbeit im Kollegium in unserer bisherigen Arbeit Spannungsfelder erlebt? Wenn ja, wie hat sich dies geäußert?

3 Große Vielfalt der Möglichkeiten und Formen: Wie werden digitale Medien in individualisierenden Lehr-Lernsettings eingesetzt?

Die Einblicke in die Gelindi-Schulen zeigen eine Vielfalt von Möglichkeiten, aber durchaus auch Grenzen individualisierten Lehrens und Lernens mit digitalen Medien. Diese stehen im Fokus dieses Kapitels. Auf Grundlage einer kurzen theoretischen Hinführung unter Berücksichtigung ausgewählter Forschungsbefunde werden grundsätzliche Überlegungen zur Einbindung digitaler Medien und deren Nutzung an den Gelindi-Schulen vorgestellt, um darüber Diskussions- und Reflexionsanlässe zu schaffen. In das Gelindi-Ergebnismodell (siehe Kapitel 1.1) lassen sich diese Erkenntnisse auf Prozessebene des Lehrens und Lernens, dort in dem Bereich ‚Lernförderliche Mediennutzung und Unterrichtsentwicklung', verorten. Dieses Kapitel beginnt mit den Spannungsfeldern und Fragen, die sich in individualisierten Lehr-Lernsettings grundsätzlich stellen – unabhängig von der Frage, ob dabei digitale Medien zum Einsatz kommen oder nicht (Kapitel 3.1). Im Anschluss werden die in den Gelindi-Schulen berichteten Einsatzmöglichkeiten digitaler Medien vorgestellt und in ein adaptiertes Modell zu Medien im Didaktischen Dreieck von Petko (2020) sowie in das SAMR-Modell nach Puentedura (vgl. Bresges, 2018) eingeordnet (Kapitel 3.2).

3.1 Formen und Herausforderungen einer individualisierenden Organisation von Lehren und Lernen

Während der traditionelle lehrendenzentrierte Unterricht von der Idee geprägt war, dass alle Schüler*innen zur gleichen Zeit das Gleiche lernen, wird den Lernenden im individualisierten Unterricht (auch als personalisiertes Lernen diskutiert, vgl. Stebler et al., 2018) die Möglichkeit gegeben, sich dem eigenen Lerntempo gemäß und an den individuellen Lernstand anknüpfend mit den Lerninhalten auseinanderzusetzen. Die Individualisierung schulischer Lehr-Lernprozesse wirft daher u. a. Fragen hinsichtlich der zeitlichen Strukturierungen von Unterricht und damit auch die Frage nach der Verantwortlichkeit für die Nutzung der Unterrichtszeit auf (vgl. Breidenstein & Rademacher, 2017). An individualisierten Unterricht ist die Hoffnung geknüpft, je nach Lern- und Arbeitstempo der Schüler*innen, weder zu überfordern noch zu unterfordern (vgl. Fölling-Albers, 2008). Erreicht werden kann dies entweder durch ein maßgeschneidertes Angebot für jede*n einzelne*n Schüler*innen oder durch die Bereitstellung eines breiten Angebotes, das ausreichend viele Anschlussmöglichkeiten für die einzelnen Schüler*innen einer Lerngruppe bietet (vgl. Häcker, 2017, S. 279).

Anspruch und daraus resultierende Herausforderungen bringt eine interviewte Lehrperson eines Gymnasiums wie folgt auf den Punkt:

> » Es gibt ja auch diese Idee von so einem Wissensnetz, dass sie das am Anfang aktivieren, was schon im Kopf ist und dann hängst du das, was du da machst, da ran und wenn du natürlich da beim Gros der Gruppe Punkte triffst, wo sie das als sinnstiftend und auch als anknüpfbar erleben, dann funktioniert es meistens und es ist manchmal ja nicht so ganz klar zu sagen, was die meisten schon kennen, was sie nicht kennen, [...] Da so das richtige Maß zu finden setzt ja auch eine Kenntnis der Lerngruppe voraus.

Während es in der ersten Variante Aufgabe der Lehrkraft bleibt, das Angebot an die individuellen Lernvoraussetzungen der Schüler*innen anzupassen, erfordert die zweite Variante, dass die Lernenden das Angebot und die zur Verfügung stehende Zeit ihren Fähigkeiten und Interessen gemäß ‚sinnvoll' nutzen und somit ihren Lernprozess zumindest teilweise selbstbestimmt organisieren und steuern (vgl. Lipowsky & Lotz, 2015) oder dass die Lehrperson Schüler*innen als kleinere Gruppen (im Sinne von Binnendifferenzierung oder Innere Differenzierung) adressiert. Da die Definition von individueller Förderung, die dem Gelindi-Projekt zugrunde liegt, alle Handlungen und Überlegungen von pädagogisch Tätigen inkludiert, die auf das individuelle Lernen und die (lernbezogene) Individualität der Schüler*innen abzielen (siehe hierzu Kapitel 0.2), zählen dazu auch Formen wie der adaptive Unterricht, das kooperative Lernen sowie der offene Unterricht. Diese unterschiedlichen Formen, Lehr-Lernsettings individualisiert zu gestalten, bieten einerseits eine Vielfalt an Möglichkeiten, darin digitale Medien einzusetzen (siehe Kapitel 3.2), stellen aber auch verschiedene Anforderungen an die Beteiligten.

Die Schulleitung einer Gelindi-Grundschule beschreibt einerseits Aspekte, die in individualisierten Lehr-Lernsettings von Lehrpersonen zu berücksichtigen sind, und andererseits die Herausforderung, sich diesen Settings als ebenfalls heterogenes Kollegium zu stellen:

›› Und der andere große Bereich ist eben die Individualisierung und das ist eben nicht nur Individualisierung, sondern es ist auch die stärkere Einbeziehungs-, Verantwortungsübergabe an die Kinder, um die es da [...] geht. Und wir haben jetzt gerade eben mit unserer Qualitätsbeauftragten [...] zusammengesessen zu diesem Thema: Welche einzelnen Aspekte müssen wir jetzt in den Blick nehmen? Also stärker über Lernprozesse und Ergebnisse zu reflektieren, stärker eine Zieltransparenz für die Kinder herzustellen und so weiter. Das jetzt in die erweiterte Schulleitung zu tragen, um dort auch zu gucken, wie wir das Thema dort weiterbearbeiten können. Und es ist dabei, muss man ja auch gucken, was hat man für ein Kollegium? Wie sind da eigentlich die Voraussetzungen? Wir haben hier also eine relativ große Diskrepanz innerhalb des Kollegiums. Und wir sind jetzt gerade an der Stelle uns zu überlegen, wie bekommt man es hin, das ist ja auch nicht identifiziert, um wen es da eigentlich geht, der da die Hilfe benötigt: Wie kann man das jetzt eigentlich vernünftig angehen?

Auch wenn dies gelingt, zeigt sich in empirischen Studien, dass schon die formale Organisation der Lern- und Arbeitsprozesse, die in individualisierten Lehr-Lernsettings nötig ist, sehr viel Raum einnimmt und ein bestimmendes Thema ist, über das öffentlich in der Lerngruppe gesprochen wird (vgl. Häcker, 2017, S. 287). Zwar kann die Erledigung von Arbeitsaufgaben generell als ein Strukturmerkmal von Unterricht betrachtet werden, in individualisierten Lehr-Lernsettings gilt dies aber in besonderem Maße. Auch für die Unterstützung, Förderung und Aufrechterhaltung der nötigen selbstregulatorischen, motivationalen und volitionalen Voraussetzungen auf Seiten der Schüler*innen steht in individualisierten Lehr-Lernsettings oftmals wenig Zeit zu Verfügung.

Damit ist ein Spannungsverhältnis beschrieben, das Lehrpersonen in individualisierten Lehr-Lernsettings herausfordert und auch an den Gelindi-Projektschulen von den befragten Akteur*innen diskutiert wird. Die Förderung der Selbstständigkeit und Eigenverantwortlichkeit – als ein wichtiges übergeordnetes Bildungsziel – und die mit der Individualisierung verbundene Hoffnung, niemanden (mehr) zu über- oder unterfordern, kann so jedoch zum Risiko der Schüler*innen werden, sich beim Auswählen der Aufgaben selbst zu über- oder unterfordern (vgl. Häcker, 2017; Arnold & Lindner-Müller, 2017; siehe hierzu auch Kapitel 4.2.1).

Die Herausforderung, das Engagement der Schüler*innen für Themen und Aspekte, die diese interessieren, zu erhalten und zugleich der Verantwortung für den gesamten Lern- und Bildungsprozess gerecht zu werden, beschreibt eine Lehrperson einer Grundschule wie folgt:

›› Und da die Kinder dazu zu kriegen: ‚Okay das macht dir gerade ganz viel Spaß, das ist toll, mach das auch, trotzdem gibt es auch noch andere Dinge, die wichtig sind und die du brauchst.' Wie weit kann ich die reingeben, dass es dann irgendwann nicht mehr selbstreguliert ist? Geht nicht immer. Oder dass ich dann auch irgendwann den Spaß an Sachen nehme, was auch total schade ist, gerade so am Anfang in der Grundschule bei den Kleinen, wenn sie Interesse an etwas haben und für Sachen brennen, dann bitte, bitte mach es auch. Da ist dieses Selbstregulierte ganz schwierig. Also das ist wirklich die hohe Kunst die Kinder so weit zu kriegen, dass sie sehen [...] Also das fängt ja mit diesem Reflektierten eigentlich an: Okay, was habe ich jetzt eigentlich gemacht? Hat das gut funktioniert? Habe ich davon jetzt etwas gelernt? Und war das etwas, was ich wirklich brauchte? So und dann daraus zu diesem Schritt davor zu schließen: Okay, jetzt mache ich was Anderes. Oder jetzt brauche ich mal dieses und jenes und das kann ich mir dafür holen. Wow, das ist echt die Königsdisziplin. Also da stolpere ich drüber, gerade im sehr individualisierten und heterogenen Unterricht.

Dass dies, wenn es gelingt, auch von den Schüler*innen als hilfreich und zielführend wahrgenommen wird, zeigen die nachstehenden Interviewaussagen von Schüler*innen eines sechsten Jahrgangs einer Stadtteilschule:

›› SuS_7: Es ist eigentlich auch ganz schön, dass im [regulären Lehr-Lernsetting zur eigenständigen Arbeit] jeder auf seinem eigenen Stand ist und nicht hinterhergehetzt ist, weil zum Beispiel an vielen Schulen arbeitet ja jeder immer zusammen und dann ist es blöd für die schnelleren Leute, dass sie dann schon fertig sind damit und dann ist es halt irgendwie langweilig und für die, die etwas langsamer sind, [...] die müssen dann spät zu Hause alles nacharbeiten und das ist dann viel stressiger als es hier an unserer Schule das Konzept ist, dass jeder auf seinem Stand arbeiten kann.

» SuS_4: Also ich finde, das ist gar nicht so schlecht gemacht. Jeder plant am Anfang der Woche, was er schaffen möchte, manche Sachen sind auch von den Lehrern vorgegeben und ja dann als Tagesziele plant man das, was man schafft. Man kann auch immer mehr machen als die Wochenziele, aber das funktioniert halt nicht immer, wenn es zum Beispiel ein Themenkreis ist, wo man nochmal von den Lehrern was erklärt bekommen muss. Ich finde, das ist auch gar nicht so schlecht, weil wir haben auch ein paar in der Klasse, die Probleme damit hatten und dann haben sich die Lehrer jeden Morgen mit denen zusammengesetzt und geguckt, was ist realistisch, was schafft man an dem Tag.

Mögliche Fragen mit Blick auf Formen und Herausforderungen einer individualisierenden Organisation von Lehren und Lernen, um die eigene oder gemeinsame Reflexion innerhalb der Schule anzuregen und/oder um Schulen in ihrer Entwicklung zu begleiten:

- In welchen Formen organisieren wir individualisiertes Lernen an unserer Schule?
- Welche Erfahrungen haben wir in der Umsetzung dieser Formen gemacht?
- Welche Vor- und Nachteil verschiedener Formen der Gestaltung individualisierter Lehr-Lernsettings sehen wir an unserer Schule? Und wie können wir diesen begegnen?
- Wie kann die notwendige Formalisierung von Lehr-Lernprozessen so organisiert werden, dass die Verantwortung für das Lernen auch stärker an Schüler*innen übergeben werden kann?
- Wie lassen sich Lern- und Arbeitsprozesse im individualisierenden Unterricht so organisieren, dass sie ausreichend Raum für die gemeinsame Auseinandersetzung mit den Lerngegenständen und für soziale Lernaktivitäten als einem Merkmal von Kompetenzorientierung lassen?

3.2 Einsatzmöglichkeiten digitaler Medien zur individuellen Förderung

Digitale Medien in einem weiten Verständnis sind omnipräsent und Teil des Alltags von Kindern und Jugendlichen. Auch in Schule und Unterricht nehmen sie an Bedeutung zu. Die Nutzung digitaler Medien in Lehr-Lernsettings ist dabei einerseits seit 2016 durch die Strategie ‚Bildung in der digitalen Welt' der KMK (vgl. KMK, 2017) und dem Ergänzungspapier zum ‚Lehren und Lernen in der digitalen Welt' (KMK, 2021) als Ziel und Inhalt schulischen und unterrichtlichen Handelns formuliert, andererseits zeigen Untersuchungen einen im internationalen Vergleich seltenen Einsatz digitaler Medien durch Lehrpersonen im Unterricht (vgl. Eickelmann et al., 2019). So gaben nur etwa 15 Prozent der in der achten Jahrgangsstufe unterrichtenden Lehrpersonen in Deutschland in der repräsentativen Studie ICILS im Jahr 2018 an, häufig bis immer digitale Medien zur individuellen Förderung einzelner Schüler*innen oder kleinerer Gruppen im Unterricht zu verwenden (vgl. ebd., S. 18).

Im Folgenden werden die Erkenntnisse zu Einsatzmöglichkeiten digitaler Medien an den untersuchten Gelindi-Schulen entlang eines adaptierten Modells zu Medien im Didaktischen Dreieck von Petko (2020) systematisiert, um die Bandbreite und Vielfalt zu illustrieren und damit Diskussions- und Reflexionsimpulse zu geben.

In diesem Modell werden digitale Medien innerhalb des klassischen Didaktischen Dreiecks entlang der Seitenlinien den drei Teilkulturen des Lehrens und Lernens zugeordnet: Das sind (1) die Ziel- und Stoffkultur, (2) die Lern- und Verstehenskultur und (3) die Kommunikations- und Unterstützungskultur. Diese Systematisierung ermöglicht es, den Einsatz digitaler Medien auch für die individuelle Förderung an den untersuchten Gelindi-Schulen genauer in den Blick zu nehmen.

Insgesamt kann festgehalten werden, dass an den Gelindi-Schulen digitale Medien in allen von Petko (2020) im Modell benannten Formen eingesetzt werden, die auch besonders geeignet sind, individualisiertes Lehren und Lernen zu unterstützen. An den untersuchten Schulen werden digitale Medien wie folgt genutzt:

- zum Darstellen und Veranschaulichen für Schüler*innen durch lineare, nicht lineare sowie Bild- und Videoformate
- zum Produzieren und Programmieren, zum Experimentieren und Üben durch Schüler*innen, beispielsweise durch Lernprogramme, Simulationen, Programme zur Visualisierung, Bild- oder Textproduktion

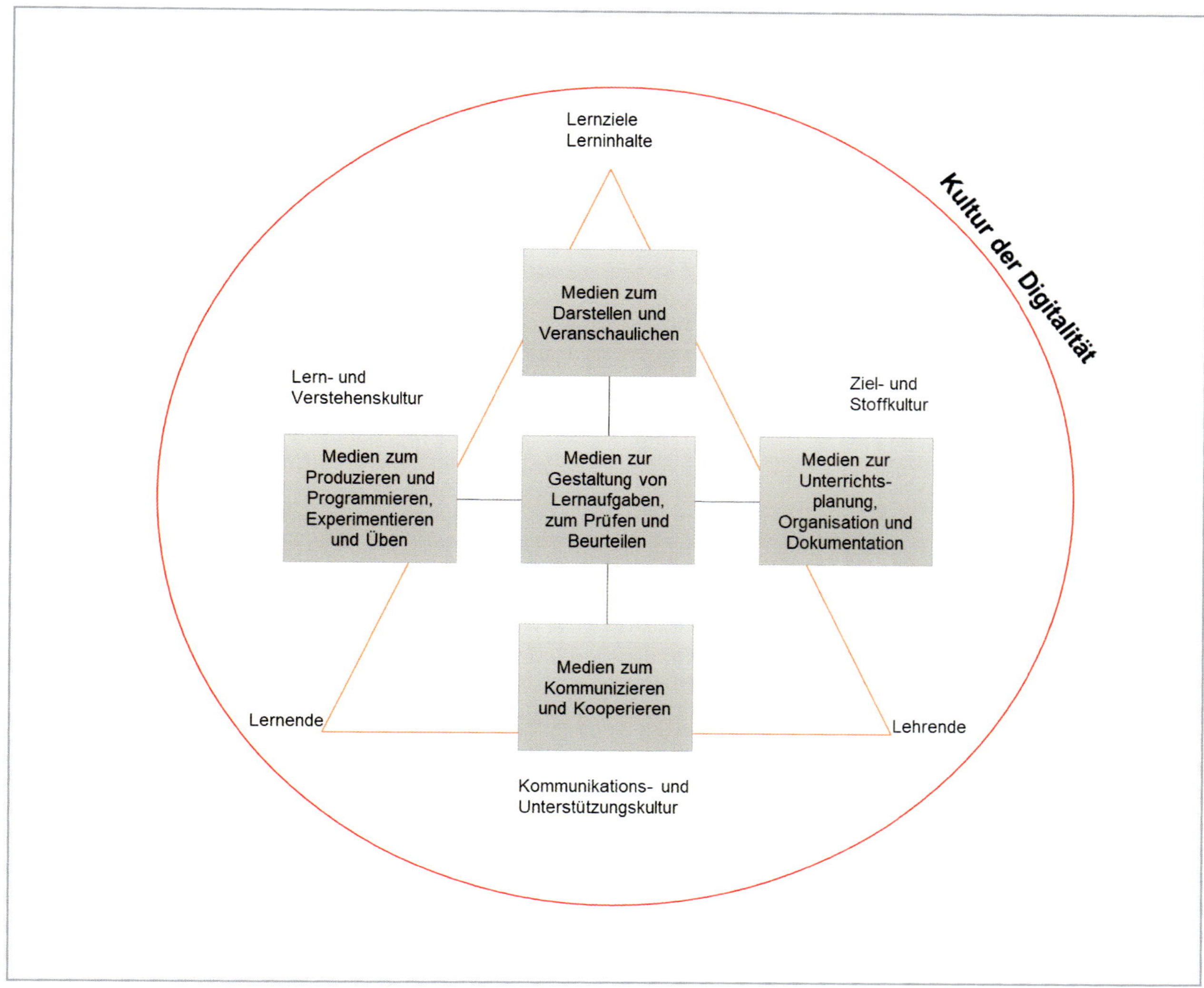

Abb. 2: Medien im didaktischen Dreieck nach Petko (2020), S. 120 (erweitert um die Kultur der Digitalität)

- zur Gestaltung von Lernaufgaben und zum Beurteilen und Prüfen, wobei sich die Gestaltung von Lernaufgaben auf alle anderen Aspekte bezieht und die Beurteilungen durch Ergebnisse in Lernprogrammen als Teil von Diagnostik stattfinden können, auch Prüfungsformate wie ein E-Portfolio gehören hierzu
- zur Unterrichtsplanung und -organisation, sowohl im Kollegium, beispielsweise über Plattformen und Cloud-Dienste, als auch mit Schüler*innen über Lernmanagement-Systeme
- zur Kommunikation und Kooperation von Lehrpersonen mit Schüler*innen, aber auch von Schüler*innen untereinander, sei es durch Kommentare in gemeinsamen Dokumenten oder über Messenger-Dienste oder Foren

Es zeigt sich dabei, dass den interviewten Lehrpersonen und Schulleitungsmitgliedern das Potential digitaler Medien in all diesen Facetten bewusst ist: Sie diskutieren einerseits das Potential für ein verändertes, stärker individualisiertes Lehren und Lernen und beziehen diese in Zukunftsvisionen mit ein, sehen jedoch andererseits auch die aktuellen Herausforderungen bei der Umsetzung. Über den unmittelbaren Anwendungsbereich des Lehrens und Lernens hinaus nutzen die befragten Lehrpersonen digitale Medien, um die eigene Arbeit zu strukturieren und im Kollegium zusammenzuarbeiten. So werden – so berichten es die Befragten – zeitliche und kognitive Ressourcen für individuelle Förderung in diagnostischer, konzeptioneller oder organisatorischer Art frei.

Entlang der unterschiedlichen Einsatzmöglichkeiten digitaler Medien für die individuelle Förderung zeigt sich, dass einzelne Medien dabei nicht ausschließlich einer Form zugeordnet werden sowie Dauer und Intensität ihres Einsatzes unterschiedlich stark ausgeprägt sind. Aufgrund des in allen Gelindi-Schulen ausgeprägten Fokus auch auf individuelle Lernprozesse überrascht es wenig, dass digitale Endgeräte vor allem zur *Gestaltung von Lernaufgaben* genutzt werden, z. B. indem Arbeitsblätter und Arbeitspläne digital durch Lehrpersonen erstellt werden. Darüber hinaus wurde in den Interviews aber auch deutlich, dass digitale Medien als *Medien zur Darstellung* in vielfältiger Form nicht nur zur Präsentation oder Information, wie es über Touch-Monitore mit Konferenztechnik oder interaktive Boards möglich ist, sondern auch als *Werkzeug und Arbeitsmittel* genutzt werden. Aber auch digitale Pinnwände oder Lernplattformen und Lernmanagement-Systeme werden zur *Gestaltung von Lernaufgaben und Arbeitsplänen* genutzt. Dabei wird nicht nur die Möglichkeit genutzt, verschiedene Formate an einem Ort zu versammeln (z. B. durch Verlinkungen zu Quiz-Tools oder Webseiten), auch die Interaktivität, dadurch, dass auch Schüler*innen Materialien hinzufügen können, wird als wichtiger Aspekt benannt, der Partizipation hinsichtlich der Auswahl, aber auch Kollaboration und *Kooperation* zwischen Schüler*innen ermöglicht.

Die Nutzung digitaler Medien als *Werkzeug oder Arbeitsmittel* ist insgesamt vielfältig: So werden beispielsweise eingesprochene oder anderweitig auditiv zur Verfügung gestellte Texte zur Unterstützung von Schüler*innen mit geringeren Lesekompetenzen bereitgestellt, aber auch Erklärvideos zur Vertiefung verlinkt. Als Arbeitsmittel sind lineare und nicht lineare (z. B. Prezi) Präsentationsprogramme auch im Grundschulbereich weit verbreitet. Dabei ist den befragten Lehrpersonen bewusst, dass – um den Schüler*innen eine Nutzung zu ermöglichen – sowohl die Bedienung der Soft- und Hardware zu thematisieren, als auch Grundlagen des Präsentierens zu klären sind. So können diese Aspekte bei der Reflexion des Lernprozesses mit Schüler*innen differenziert aufgegriffen werden.

Diese vielfältigen Anwendungsformen, inklusive der Möglichkeit, die eigene Arbeit effizient zu strukturieren, finden sich in der folgenden Beschreibung einer Lehrperson an einer Stadtteilschule wieder:

» Als hilfreich erlebe ich es, wenn ich die Teacher-App benutzte und das regulieren kann, was die Kinder auf ihren Tablets machen können. Dann finde ich wahnsinnig spannend, was unsere jungen Schüler schon in der Lage sind zu produzieren, also seien es erstellte Bücher mit kleinen englischen Geschichten und dann haben sie dann GIFs, die sich dazu bewegen oder sie machen Stop-Motion Videos. Das ist schon bei den Kleinen so, dass sie sich selber aufnehmen, wie sie ein Stück vortragen, wie sie ihre [digitalen Präsentationen] gestalten, das ist schon so eine Medienkompetenz, die ich an anderen Schulen noch nicht so erlebt habe. Wir haben auch Kinder, die alle zwei Wochen ein Treffen haben und etwas über iPads oder neue Apps lernen, die kommen dann in die Klasse und sind die Experten und zeigen das anderen Kindern und unterstützen diese. Und in der 5 bis 8 finde ich wahnsinnig hilfreich, wenn ich Sachen clustere, wenn man das über ein iPad macht, die ganzen Portfolios werden dann geairdropt, dann habe ich alles auf meinem iPad, kann alles einfach durchgucken, lade auf IServ meine Arbeitsblätter hoch und die [Schüler*innen] können das gleich auf Goodnotes hochladen und dann habe ich alles beisammen.

Der Einsatz digitaler Medien zum Zwecke der *Kommunikation* und Lernberatung wird zwar in den Interviews ebenfalls genannt, dieser wird aber nach dem pandemiebedingten Lernen auf Distanz weniger intensiv genutzt. Die Möglichkeit über Lernplattformen oder Lernprogramme asynchron Feedback zu geben, wird allerdings vor allem von befragten Lehrpersonen höherer Jahrgänge auch weiterhin genutzt. Die Grenze zwischen Lernberatung und Beurteilung (wenn diese im Sinne der Erhebung eines Lernstandes verstanden wird) ist fließend, denn Lernberatung findet in der Praxis in vielfältiger Form statt und geht mit der Beurteilung des Lernstands einher. Da die Verwendung digitaler Medien im Rahmen von *Prüfungen* nicht allein der Entscheidung einzelner Lehrpersonen obliegt, sondern hier rechtliche und administrative Vorgaben greifen, wird dies an den Gelindi-Schulen selten als Form der Beurteilung aus der Praxis berichtet.

Es wird in den Interviews mit Lehrpersonen deutlich, dass Formen und Intensität des Einsatzes digitaler Medien für das Lehren und Lernen stark von den individuellen Fähigkeiten und vorhandenen Ressourcen sowie den Einstellungen und Haltungen der jeweiligen Lehrpersonen und Schulleitungen abhängt (im Ergebnismodell auf Inputebene anzusiedeln, siehe Kapitel 1.1). Dabei werden Kleinschrittigkeit, Konsensualität in der zugrundeliegenden Einstellung und Unterstützung, aber auch Scheitern, Fehlversuche und Stolperfallen als prozessimmanent diskutiert, wie dies

Transformation (Redefinition)
als Neudenken von Aufgaben und Materialien sowie Unterricht und seinen Strukturen

- Selbstarbeitsphasen als Projektarbeit digital organisiert mit analogen & digitalen Materialien

Änderung (Modification)
als Anpassung von Unterrichtsstruktur & Aufgaben, um das Potential digitaler Medien zu nutzen

- digitalgestützte Aufgaben zur asynchronen kollaborativen Zusammenarbeit

Erweiterung (Augmentation)
als Erweiterung der Bearbeitungsmöglichkeiten in unveränderter Unterrichtsstruktur

- durch Vorlesestifte, digitale Präsentationen, digitale Pinnwände, ...

Ersetzung (Substitution)
als die digitale Darstellung in der Art von Analogem

- Arbeitsblätter, die in digitaler Form vorliegen

Abb. 3: Stufen der Nutzung des SAMR-Modells zur Nutzung von Bildungstechnologien nach Puentedura, so dargelegt bei Bresges (2018, S. 617f), erweitert um Beispiele aus den Gelindi-Schulen

beispielhaft in der Aussage einer Schulleitungsperson einer Grundschule deutlich wird:

> Auch das Kollegium ist sehr unterschiedlich. [...] es gibt natürlich die, die da sehr affin sind und die sich da sofort drauf gestürzt haben [...]. Und es gibt Kollegen, die sich dann noch einen PC in die Klasse stellen und dann noch einen, weil sie damit super gut arbeiten können mit den Kindern. Und es gibt andere, da ist das Interaktive Board dann verstaubt und sie haben es eigentlich nie benutzt und den PC im Klassenraum dann [...] höchstens, um mal einen Elternbrief zu schreiben, aber nicht um die Kinder da richtig mit einzubeziehen. Und wir hatten so ein paar Lernprogramme, die die Kinder auch genutzt haben, also die, wo die Kollegen das mitgemacht haben. [...]

Der Prozess der Implementation digitaler Medien in das Lehren und Lernen, gerade auch zur Unterstützung des individuellen Lernens von Schüler*innen, lässt sich auch unter der Perspektive des von Puentedura entwickelten SAMR-Modells (vgl. Bresges, 2018, S. 617 f.) beschreiben. Im Folgenden werden die verschiedenen Stufen des Modells um Beispiele aus den Gelindi-Schulen ergänzt (siehe Abbildung 3). Bresges (2018) betont, dass diese Stufen eher als Kontinuum zu verstehen sind und dass auch schon innerhalb des Unterrichts einer Lehrperson selbst im gleichen Fach unterschiedliche Stufen auftreten können.

Von Aktivitäten auf der Stufe der *Ersetzung* berichten die in Gelindi interviewten Lehrpersonen aller Schulformen. Dazu zählen z. B. Arbeitsblätter oder Texte, die in digitaler Form vorliegen oder das Schreiben auf einer digitalen Tafel.

Digitale Quizze oder andere spielerische Elemente, die im Vergleich zu analogen spielerischen Elementen durch die Möglichkeit der Rückmeldung in den Bearbeitungsmöglichkeiten erweitert sind, lassen sich, ebenso wie digitale Schreib- und Präsentationswerkzeuge, der Stufe der *Erweiterung* zuordnen. Auch davon wird in allen Gelindi-Schulen berichtet. Hierzu zählt auch die häufig berichtete Nutzung von Lernprogrammen zu Übungszwecken, ob eingebunden in Lehr-Lernsettings in der Schule als individualisiertes Angebot oder bereitgestellt zur eigenständigen Nutzung durch Schüler*innen, auch außerhalb der Schule. Online-Recherchen, die im Rahmen von Aufgaben durchgeführt werden und dabei verwendete Tools, z. B. Vorlese-Stifte oder Ähnliches, können ebenfalls auf der Ebene der Erweiterung verortet werden, wenn sie in den Rahmen der üblichen Strukturen, wie Selbstlernzeiten, eingebunden sind. Dies trifft auch auf – aus dem Primarbereich allerdings selten berichtete – Videoproduktionen durch Schüler*innen als Ergebnisprodukt von Lernprozessen zu.

Eine Einordung als *Änderung* erfordert die Anpassung der Lehr-Lernsettings an das Potential digitaler Medien. An einigen Schulen wurden die Strukturen des Lehrens und Lernens bereits verändert, um das individuelle Lernen zu unterstützen und den Schüler*innen durch Entscheidungsspielräume auch (mehr) Verantwortung für die Ausgestaltung des Lernprozesses zu übertragen, so dass im Rahmen dieser Lehr-Lernsettings auch das Potential digitaler Medien eher ausschöpft werden kann. Die interviewten Lehrpersonen berichten, dass sie während und zum Teil auch nach der Pandemiesituation digitale Pinnwände auf Klassen- oder Lerngruppenebene genutzt haben, um Informationen zu sammeln, inhaltlich gemeinsam zu arbeiten oder fehlenden Schüler*innen die Teilhabe zu ermöglichen. Dies kann als Form der *Änderung* eingeordnet werden, da dadurch die Vermittlung oder inhaltliche Arbeit vom konkreten Lehr-Lernsetting an einem Ort abgelöst wird.

Je nach Grad der Selbstbestimmung bei der Arbeit mit diesen digitalen Pinnwänden kann dies aber auch der Stufe der *Transformation* zugeordnet werden, wenn Schüler*innen z. B. hohe Freiheitsgrade bei der Entscheidung über Zeitpunkt, Ort und Kombination der Materialien eingeräumt werden. Ein Beispiel hierfür stellt das digital organisierte und unterstützte Lernen dar, das von interviewten Lehrpersonen der Sekundarstufe II berichtet wird. Als Voraussetzung dieses ‚Neudenkens' von Lehr-Lernsettings werden in Interviews das Alter der Schüler*innen und die Aufgabe des wissenschaftspropädeutischen Arbeitens genannt.

Die Einbindung digitaler Lernprogramme zur individuellen Förderung kann auf allen Stufen des SAMR-Modells stattfinden, je nachdem wie deren Nutzung in die Gestaltung der Lehr-Lernsettings eingebunden wird. Dabei kann in *adaptive und adaptierbare Anwendungen* unterschieden werden. *Adaptive Lernprogramme* passen dabei ihre Reaktionen durch Algorithmen an und variieren anhand von externen Daten und Interaktionen (z. B. einem Eingangstest zum Wissensstand) die Lerninhalte (z. B. Lernpfade oder Aufgabenschwierigkeit) entsprechend der individuellen Lernvoraussetzungen oder des Lernverhaltens. Zudem können sie individuelle Rückmeldungen in Form von eingabeabhängigen Hinweisen und Hilfestellungen generieren. Adaptiven Lernprogrammen liegt somit ein behavioristischer bzw. kognitionspsychologischer Ansatz zugrunde, der der Annahme folgt, dass der Lernprozess am besten durch ein vorstrukturiertes, auf die individuellen Bedarfe der jeweiligen Lernenden abgestimmtes Lernmaterial gefördert werden kann, das den Schüler*innen gezielt Hinweise oder Lernhilfen anbietet (vgl. Schaumburg, 2022, S. 255). Das individualisierte Angebot erfolgt hierbei durch das digitale Medium selbst. Beispiele für adaptive Anwendungen sind nach Schaumburg (2022) z. B. Quizlet, Duolingo, conText oder Bettermarks, die zum Teil auch an den Gelindi-Schulen zum Einsatz kommen.

Dagegen ermöglichen *adaptierbare Lernprogramme* individualisiertes Lernen durch eine selbstständige Auswahl der Lerninhalte und Schwierigkeitsniveaus durch die Nutzenden (Schüler*innen oder Lehrpersonen), indem sie eine Vielzahl von ‚Paketen' an Lern- und Übungsaufgaben für verschiedene Jahrgangsstufen und Fächer bereitstellen. Anzahl und Schwierigkeit der Aufgaben innerhalb werden in der Regel jedoch nicht für unterschiedliche Schüler*innen variiert (vgl. Schaumburg, 2022, S. 254). Ein Beispiel für diese Anwendungsart ist die Lern-App ANTON, die ebenfalls an vielen Gelindi-Schulen eingesetzt wird. Adaptierbare Lernprogramme überlassen die Kontrolle über lernprozessbezogene Entscheidungen also den Lernenden. Diese Programme folgen damit im Grundsatz einer konstruktivistischen Auffassung von Lernen, in der Selbstbestimmung und Autonomie der Schüler*innen im Mittelpunkt stehen (vgl. Schaumburg, 2022, S. 255). Das ist jedoch nur dann zutreffend, wenn die Lernenden selbst über die Auswahl und die Anpassungen des Lernangebotes bestimmen und nicht die Lehrkraft (ebd.).

Forschungsbefunde zur Lernwirksamkeit hinsichtlich kognitiver Wissens- und Kompetenzziele zeigen, dass leistungsstarke Schüler*innen offenbar mehr von adaptiven Programmen profitieren als leistungsschwächere Schüler*innen (vgl. Holmes et al., 2018, S. 68). Ebenso konnte gezeigt werden, dass adaptierbare Lernprogramme in der Tendenz dazu führen, dass Lernende mit geringem Vorwissen oder fehlenden Lernstrategien durch ihre zahlreichen Wahloptionen überfordert werden (vgl. Schaumburg, 2022, S. 255). Aber auch Schüler*innen können adaptive Anwendungen als wenig lernwirksam erleben, wie die Schilderung eines Kindes aus einer Projekt-Grundschule nahelegen:

> Also ich habe in der ersten Klasse viel zu Hause Anton gemacht. Am tollsten fand ich es natürlich Spiele zu spielen und meinen Avatar zu ändern. Und ich habe auch immer die Aufgaben der Vorschulklässler gemacht, um einfach Münzen zu bekommen. Habe halt wirklich immer einfach bei Anton gemacht. [...] Ich habe im dritten Schuljahr glaub ich höchstens zwei Aufgaben auf Anton gemacht, also ich habe da fast gar nichts gemacht.

Die Einblicke in die Arbeit der Gelindi-Schulen zeigen, dass der Einsatz digitaler Medien in unterschiedlichen Formen und Ausprägungen im schulischen Lehren und Lernen – und auch darüber hinaus, wie an der Dimension der Ziel- und Stoffkultur des Didaktischen Dreiecks nach Petko (2020) deutlich wird – verankert ist. Der schulische Einsatz digitaler Medien auch in individualisierten Lehr-Lernsettings ist von den Gegebenheiten auf allen Ebenen – von den Inputebene wie der schulischen Prozessebene – abhängig.

Auffällig ist, dass der Prozess der Integration digitaler Medien auch für individuelle Förderung an den Gelindi-Schulen ganz unterschiedlich seinen Anfang nahm: durch Engagement und Visionen auf Schulleitungsebene, durch einzelne technikaffine Lehrpersonen, die begonnen haben, digitale Medien zu erkunden und einzubinden, aber auch schulentwicklungsbezogen als gemeinsam getragene Entscheidung der gesamten Schulgemeinschaft. Dementsprechend heterogen sind auch die Wege und Herausforderungen, die sich an den untersuchten Schulen zeigen.

Als Gemeinsamkeit kann an den Gelindi-Schulen festgehalten werden, dass der Einsatz digitaler Medien als Querschnittsthema und -aufgabe und damit in der Verantwortung aller pädagogisch Tätigen an Schule gesehen wird. Das Lehren und Lernen an der jeweiligen Schule bildet dabei den Ausgangspunkt der Überlegungen, den die befragten Schulleitungen und Lehrpersonen in den Mittelpunkt ihrer eigenen und der gemeinsamen Arbeit an der Schule stellen.

Mögliche Fragen mit Blick auf Einsatzmöglichkeiten digitaler Medien zur individuellen Förderung, um die eigene oder gemeinsame Reflexion innerhalb der Schule anzuregen und/oder um Schulen in ihrer Entwicklung zu begleiten:

- Vor dem Hintergrund des Modells von Petko (2020):
  - In welchen Bereichen werden an Ihrer Schule digitale Medien wie eingesetzt?
  - Welche Erfahrungen haben Sie damit gemacht und worin sehen Sie Potentiale und Herausforderungen?
  - In welchen weiteren Bereichen des Modells sehen Sie ebenfalls Potentiale für das Lehren und Lernen an Ihrer Schule?
- Vor dem Hintergrund des SAMR-Modells:
  - Auf welchen Stufen haben Sie Erfahrungen gemacht?
  - Inwieweit sehen Sie Möglichkeiten durch eine Veränderung Ihrer bisherigen Einsatzformen, andere Potentiale digitaler Medien für die Förderung fachlicher und überfachlicher Kompetenzen auszuschöpfen?
- Worin sehen Sie Potentiale und Grenzen des Einsatzes adaptiver und adaptierbarer digitaler Lernprogramme für das Lehren und Lernen an Ihrer Schule?
- Welche Möglichkeiten und Herausforderungen bieten diese für eine individuelle Förderung Ihrer Schüler*innen und für den Umgang mit Heterogenität?

4 Individuelle Förderung mit digitalen Medien in der Schule – Spannungsfelder und Reflexionsanlässe auf Ebene des Lehrens und Lernens

Sowohl die gesellschaftliche Entwicklung hin zur Kultur der Digitalität als auch die Digitalisierung von Schule, Lehren und Lernen sind aktuelle Prozesse, in denen Schulen Möglichkeiten und Formen des Umgangs diskutieren, erproben und Erfahrungen sammeln. Dabei ergeben sich auch neue oder veränderte Spannungsfelder auf Ebene des Lehrens und Lernens. Diese Themenfelder, deren Berücksichtigung im schulischen Handeln als Gelingensbedingungen von individueller Förderung mit digitalen Medien verstanden werden können, werden in diesem Kapitel betrachtet.

Die nachfolgenden Erkenntnisse und Einblicke beziehen sich zunächst auf Themenfelder, die sich dem in Kapitel 1.1 vorgestellten Bereich ‚Umgang mit Heterogenität in einer Kultur der Digitalität' zuordnen lassen. Dazu werden in Kapitel 4.1 vier Themenfelder näher beleuchtet: die Einbindung der Lebenswelt der Schüler*innen in die didaktische Gestaltung individualisierter Lehr- und Lernprozesse (Kapitel 4.1.1), die Bedeutung von Beziehungen (Kapitel 4.1.2), die Reflexion der Rolle als Lehrperson (Kapitel 4.1.3) sowie die Bedeutung von Feedback in digital-gestützten Lehr-Lernsettings (Kapitel 4.1.4). Im Kapitel 4.2 werden dann zwei Themenfelder näher betrachtet, die im Bereich ‚Individualisierte Lernkultur in einer Kultur der Digitalität ' verortet werden können. Diese sind die Steuerung des Lernens durch Lehrpersonen im Spannungsfeld von individualisierter Lernunterstützung und Eigenverantwortlichkeit (Kapitel 4.2.1) sowie das Lernen von Schüler*innen zwischen Individualität und Gemeinschaftlichkeit (Kapitel 4.2.2).

4.1 Lehren und Lernen in einer Kultur der Digitalität: Digitalität als Anstoß für eine veränderte Bedeutung von Beziehungen, Lehrpersonenrolle und Feedback

Der Einsatz digitaler Medien in der Schule weist in vielerlei Hinsicht Potentiale auf, geht jedoch auch mit Herausforderungen einher. Wenn man Medien mit Petko (2020) als „Werkzeuge zur Erfassung, Speicherung, Verarbeitung und Übermittlung von Informationen" (ebd., S. 12) fasst, kennzeichnet digitale Medien, dass sich die Möglichkeiten in allen Bereichen des Umgangs mit Informationen verändern, da digitale Medien onmipräsent, verfügbarer, interaktiver und multimedialer sowie konvertierbarer als analoge Medien sind. Daher sind Informationen vereinfachter zu sammeln, zu strukturieren, neu zu ordnen, schneller durch Suchfunktionen (wieder) zu finden und können einfacher ausgetauscht, kommentiert, gemeinsam erarbeitet, multimedial präsentiert sowie veröffentlicht werden. Das Potential digitaler Medien liegt nach Knüsel Schäfer (2020) in der „Dezentralisierung und Deregulierung von Lernorten und Lernzeiten", der „Multimedialität" in Sinne von „Kombinationsmöglichkeiten von Codierungsarten (abbildhaft, symbolisch) resp. Sinnesmodalitäten (visuelle und auditive Formen)", der Interaktivität und Adaptivität, der „Authentizität von Lerninhalten und multiple[n] Perspektiven" sowie den Möglichkeiten der „Individuelle[n] und kollektive[n] Wissensverarbeitung" und der „Kommunikation und Kooperation" (Knüsel Schäfer, 2020, S. 21 f.).

Gerade die didaktischen Möglichkeiten, die sich aus der Adaptivität, der Interaktivität, der Kommunizierbarkeit und der gemeinsamen Informationsverarbeitung für individuelle und kollektive Lehr-Lern-Prozesse ergeben, haben Auswirkungen auf die Gestaltung von Lehr-

Lernsettings: Welches Wissen kann von wem und warum als gesichert angesehen werden? Wozu werden welche Informationen von wem gesammelt, verarbeitet und wie präsentiert? Worüber wird in welcher Form in Lehr-Lernsettings kommuniziert? Und vor allem: Wie ist damit in Lehr-Lernsetting von Lehrpersonen so umzugehen, dass sie ihrer Verantwortung für die Ermöglichung von Lernprozessen und Bildungsteilhabe gerecht werden können? All dies sind Fragen, die sich in Themenfeldern niederschlagen, die den Umgang mit Heterogenität in einer Kultur der Digitalität berühren (siehe Kapitel 1.1 und 1.2). Die Akteur*innen an den untersuchten Gelindi-Schulen diskutierten diese Fragen im Sinne grundlegender Spannungsverhältnisse, auf die in konkreten Situationen und unter Berücksichtigung des Kontextes, der Bedingungen und Ziele oder Notwendigkeiten eine spezifische und zeitlich befristete Antwort gegeben werden kann. Im Folgenden werden daher drei Themenfelder vertieft, die sich in den Bereich ‚Umgang mit Heterogenität in einer Kultur der Digitalität' einordnen lassen.

4.1.1 Zur Bedeutung von Beziehungen in digital-gestützten individualisierten Lehr-Lernsettings

Durch die doppelte Verpflichtung der Schule – einerseits der Gesellschaft, andererseits den einzelnen Kindern und Jugendlichen gegenüber (vgl. Kiper, 2013, S. 70) – besteht professionelles Handeln von Lehrpersonen auch darin, Spannungen zwischen verschiedenen Orientierungen und Erwartungen auszubalancieren. Das Recht von Schüler*innen auf Bildung, die Erwartungen der Erziehungsberechtigten, Kolleg*innen und Schulleitungen sowie bildungsadministrative Vorgaben erzeugen ein Spannungsfeld, in dem Lehrpersonen agieren (vgl. Rothland & Terhart, 2007, S. 20). Darüber hinaus entstehen durch die Organisation von Schule in Lerngruppen weitere Antinomien, die das Handeln von Lehrpersonen charakterisieren, die nur in den konkreten Situationen bearbeitet werden können und eine reflexive Haltung dem eigenen Handeln gegenüber erfordern (vgl. Helsper, 2016, S. 103f).

Die Rolle von Lehrpersonen entwickelt sich in digital-gestützten individualisierten Lehr-Lernsettings im Sinne einer Lernbegleitung. Diese neue Rolle erfordert auch ein Handeln im Spannungsfeld von Steuern und Loslassen, Nähe und Distanz sowie Unterstützen und Bewerten auf der Grundlage tragfähiger Beziehungen zwischen allen Personen in der Lerngruppe. Diese tragfähigen Beziehungen und das daraus resultierende, für das Lernen von Schüler*innen förderliche Lernklima sind wichtige Grundlage des Lehrens und Lernens (vgl. Scherzinger et al., 2021) auch in digital-gestützten individualisierten Settings. Die interviewten Akteur*innen in den Gelindi-Schulen erleben gerade das Herstellen einer tragfähigen Beziehung und das Agieren in diesen Spannungsfeldern in individualisierten und/oder digital-gestützten Lehr-Lernsettings als neu oder anders herausfordernd.

Die reflexive Auseinandersetzung mit den in individualisierten Lehr-Lernsettings mit digitalen Medien besonders relevanten Beziehungen in der Lerngruppe kann als Grundlage des Handelns gesehen werden, da diese Beziehungen innerhalb der Lerngruppe nicht nur für die Zusammenarbeit der Schüler*innen von Bedeutung sind, sondern auch für ein Klima der konstruktiven Unterstützung als Dimension von Unterrichtsqualität (vgl. Klieme 2019, S. 402). Auch Schüler*innen müssen mit der Heterogenität innerhalb der Lerngruppe umgehen und diese insoweit akzeptieren, als dass eine lernunterstützende Fehlerkultur (vgl. Drechsel & Schindler, 2019, S. 365) etabliert werden kann. Für diese Gestaltung der Beziehungen in der Lerngruppe, als Grundlage des pädagogischen Handelns, liegt die Verantwortung bei den Lehrpersonen. In individualisierten und auch digital-gestützten Lehr-Lernsettings beobachten die Befragten eine Verknappung gemeinsamer Zeit und sehen dies als besondere Herausforderung, die einer reflexiven Auseinandersetzung bedarf.

Die Bedeutung tragfähiger Beziehungen wird von einer interviewten Schulleitungsperson einer Stadtteilschule herausgestellt und der digitalen Gestaltung von individualisierten Lehr-Lernsettings als Bedingung vorgeordnet:

> Ich finde, während Corona ist nochmal klargeworden, dass dieser Beziehungsaspekt ungeheuer wichtig ist. Das heißt, für das Lernen der Schülerinnen und Schüler, für die Betreuung, für die Ansprache, für die Motivation ist es einfach wichtig, dass es gute und verlässliche Ansprechpartnerinnen und Ansprechpartner gibt. [...] Und insofern ist klar, dass das Digitale immer nur eine Ergänzung sein kann und diese Beziehungsebene im Mittelpunkt stehen muss zwischen Schüler und Lehrer und natürlich auch zwischen den Schüler*innen untereinander.

Nicht nur die Beziehung der Lehrenden zu den Lernenden, sondern auch die Beziehungen der Schüler*innen in der Lerngruppe untereinander sind bei der reflexiven Auseinandersetzung mit den veränderten Bedingungen in digital-gestützten individualisierenden Lehr-Lernsettings in den Blick zu nehmen, um Beziehungen als Grundlage pädagogischen Handelns in individualisierten Lehr-Lernsettings in einer Kultur der Digitalität (neu) zu gestalten.

Mögliche Fragen mit Blick auf die Beziehungen in Lerngruppen, um die eigene oder gemeinsame Reflexion innerhalb der Schule anzuregen und/oder um Schulen in ihrer Entwicklung zu begleiten:

- Wie lässt sich die Beziehung zwischen den Schüler*innen und den Lehrpersonen an unserer Schule und wie die Beziehung zwischen den Lernenden untereinander beschreiben?
- Welchen Beitrag leistet die Schule zur Entwicklung und Verbesserung der Beziehung zwischen Lernenden und Lehrenden sowie zwischen den Lernenden untereinander?

4.1.2 Reflexion der Rolle als Lehrperson in digital-gestützten individualisierten Lehr-Lernsettings

Die reflexive Auseinandersetzung mit einer sich in individualisierten digital-gestützten Lehr-Lernsettings verändernden Rolle der Lehrperson erweist sich als eine weitere Gelingensbedingung. Die Lehrpersonenrolle im Spannungsfeld von Lernbegleitung und Lernprozesssteuerung lässt die grundsätzliche Ungewissheit (Ungewissheitsantinomie, vgl. Helsper, 2016, S. 112) hinsichtlich der Wirksamkeit des Lehrendenhandelns deutlicher erlebbar werden. Als förderlich wird von den Befragten zweierlei beschrieben: (1) eine Haltung, die Ergebnisoffenheit und Unsicherheit als produktive Herausforderung akzeptiert sowie (2) ein Handeln, das organisatorisch und didaktisch auf vielfältigen Wegen – auch mittels additiver und adaptierbarer Angebote – im Spannungsfeld von Verantwortlichkeit, Steuerung und individueller Lernunterstützung agiert.

Durch die Einbindung digitaler Medien erleben die befragten Lehrpersonen an den Gelindi-Schulen die Lehrendenrolle als Lernbegleitung noch verstärkter bzw. intensiver. So wird in digital-gestützten Settings eine verstärkt wahrgenommene Spannung in Bezug auf die Gestaltung von Beziehungen und in Hinblick auf Feedback als konstruktive Unterstützung im Sinne der Basisdimensionen der Unterrichtsqualität sowie der dadurch veränderten eigenen Rolle gesehen. Gerade hinsichtlich der Verantwortlichkeit und der Steuerung von Lernprozessen wird das ‚Loslassen-Können' von Lehrpersonen in individualisierten Kontexten als Herausforderung erlebt. Dies meint auch, dass Lehrpersonen aufgefordert sind, Vertrauen in die Bereitschaft der Schüler*innen zu entwickeln, dass sie Verantwortung für ihr Lernen (auch) in einer digitalisierten Welt übernehmen können. Dieses Zutrauen und Begleiten diskutieren auch befragte Schüler*innen aus achten und neunten Jahrgängen eines Gymnasiums mit Bezug auf die Rolle von Lehrpersonen als Lernbegleitung in Lernentwicklungsgesprächen:

> Schüler*in: Ich finde auch gerade dieses ‚Wieso hat das gut geklappt?' auch wichtig, weil ich meine, wenn man bei diesem Gespräch [Lernentwicklungsgespräch] ist und sich anguckt, wo könnte man besser werden, dann ist es ja auch wichtig, wie man das macht und auch bei dem, was man schon gut gemacht hat, zu gucken, wie es überhaupt dazu gekommen ist. Es ist ja auch verbunden und das hilft dann auch.

Als weitere Herausforderung der Rolle als Lernbegleitung in individualisierenden Lehr-Lernsettings beschreiben eine Grundschul- und eine Gymnasiallehrperson zweier Gelindi-Schulen in einem gemeinsamen Gruppeninterview die Balance zwischen eigenem Denken und Handeln und den Fähigkeiten der Schüler*innen. Das Spannungsverhältnis zwischen der Steuerung durch Lehrpersonen und den Fähigkeiten zur Selbstregulation sowie der Zielorientierung der Schüler*innen ist bei der Verantwortungsübergabe an Schüler*innen in allen Schulformen von Lehrpersonen auszubalancieren. Die Förderung und Entwicklung von Selbstregulationskompetenzen sind dabei als Grundlage für ein selbstbestimmtes Leben in einer sich immer stärker digitalisierten Welt von besonderer Relevanz (vgl. Deutsche UNESCO-Kommission, 2021) und können durch den Einsatz digitaler Medien unterstützt werden.

> Grundschullehrperson: Wie weit kann ich Dinge reingeben, bis es dann irgendwann nicht mehr selbstreguliert ist? Ohne dass ich dann auch irgendwann den Spaß an Sachen nehme, was auch total schade ist, gerade am Anfang in der Grundschule bei den Kleinen, wenn sie Interesse an was haben und für Sachen brennen. Da ist dieses Selbstregulierte ganz schwierig. Das ist wirklich die

hohe Kunst die Kinder so weit zu kriegen, dass sie das sehen. Also das fängt es mit dem Reflektieren eigentlich an: Was habe ich jetzt eigentlich gemacht? Hat das gut funktioniert? Habe ich davon etwas gelernt? Und war das etwas, was ich wirklich brauche? So und dann daraus auf diesen Schritt davor zu schließen, jetzt etwas anderes zu machen, zu erkennen: Jetzt brauche ich mal das und das kann ich mir dafür holen. Das ist echt die Königsdisziplin. Also da stolpere ich drüber, gerade im sehr individualisierten und heterogenen Unterricht.

» Gymnasiallehrperson: Das schafft man ja mit einigen Schülern selbst bis zum Abitur nicht, selbst bis kurz vor der Abiturvorbereitung brauchen einige noch die Hilfestellung bei der Einteilung der Zeit, damit sie rechtzeitig zum Termin vorbereitet sind. Während andere schon […] in Jahrgang 8 so weit sind, dass sie sich soweit selbst regulieren können, dass sie sagen: Ja, ich würde jetzt gerne DAS machen, aber ich weiß, dass ich bis zu Termin A, B und C noch Arbeiten zu erledigen habe, die bekommen das also schon ganz gut hin. Wir versuchen das zu steuern über IServ, über die Aufgaben, über das Aufgabenmodul, da bekommen sie regelmäßig Warnungen, wenn sie etwas noch nicht abgegeben haben. Das heißt also, da unterstützt man so ein bisschen die Selbstregulierung, aber es ist natürlich immer noch fremdgesteuert und noch nicht richtig selbstreguliert.

Der Umgang mit Heterogenität beim Lehren und Lernen in einer digitalisierten Welt erfordert aus Sicht der Lehrpersonen eine veränderte Rolle im Spannungsfeld von Verantwortlichkeit, Steuerung und individueller Lernunterstützung. Förderlich ist eine Haltung, die Ergebnisoffenheit und Ungewissheit als produktive Herausforderung akzeptiert sowie ein Handeln, das organisatorisch und didaktisch auf vielfältigen Wegen (mittels additiver und adaptierbarer digitaler Angebote) agiert.

Mögliche Fragen mit Blick auf die Rolle der Lehrperson, um die eigene oder gemeinsame Reflexion innerhalb der Schule anzuregen und/oder um Schulen in ihrer Entwicklung zu begleiten:

- Wie sehe und definiere ich meine Lehrendenrolle? Wo lege ich Schwerpunkte, was ist mir besonders wichtig und warum?
- Findet ein Austausch im Kollegium zu möglichen Veränderungen der Lehrendenrolle in einer Kultur der Digitalität statt? Was ist dem Kollegium in dieser Hinsicht wichtig?
- Besteht an unserer Schule eine Offenheit, Fehler machen zu dürfen und mit Ungewissheit aktiv umzugehen?

4.1.3 Feedback in digital-gestützten individualisierten Lehr-Lernsettings

Die Realisierung der Dimensionen von Unterrichtsqualität, insbesondere der Dimensionen konstruktive Unterstützung und Klassenführung (vgl. Klieme, 2019, S. 402), steht im Kontext des Einsatzes digitaler Medien in individualisierten Lehr-Lernsettings vor besonderen Herausforderungen, ist jedoch ebenso wichtig wie in ‚klassischen' Lehr-Lernsettings. Vor allem die konstruktive Unterstützung als Basis für Lehr-Lernprozesse ist bedeutsam, um Schüler*innen zu ermöglichen, strukturierte, kognitiv aktivierende Angebote wahrnehmen zu können. Dabei spielt insbesondere individualisiertes Feedback eine wichtige Rolle, da Schüler*innen gleiches Feedback unterschiedlich wahrnehmen können (vgl. Ruelmann et al., 2021). Aber auch die Möglichkeit, digital-gestützt Feedback zur Qualität des Lehrens und Lernens von Schüler*innen einzuholen und für die Weiterentwicklung von Lernangeboten zu nutzen, wurde in den Interviews thematisiert.

Im Folgenden wird von einer Lehrperson dargestellt, wie u. a. Feedback von Schüler*innen an einem Gymnasium genutzt wird, um individualisierte Lehr-Lernsettings zu bewerten und zu reflektieren:

» Also mir kommen sofort in den Kopf die verschiedenen Diagnose- und Rückmeldetools, die wir ja auch in Hamburg haben, durch die Feedbackmöglichkeiten der Auswertung von Unterrichtsprojekten, der Rückmeldung für ja Unterricht insgesamt [möglich sind]. Darüber arbeiten wir relativ viel, das heißt, wir haben so standardisierte Bögen, die Kollegen einsetzen können, die aber auch Schüler, Schülergruppen einsetzen können für Rückmeldungen zum Unterricht, um dann auch herauszufinden: Also wie ist ein Projekt angekommen? Was ist aus der Planung geworden? Ist die Planung so, wie wir das aus Lehrersicht gesehen haben, bei den Schülern auch angekommen? Sind die Ergebnisse so, wie sich die Schüler das vorgestellt haben, als sie eingestiegen sind? Weil wir manchmal zu Beginn ein Feedback einholen, Erwartungsfeedback an dieses Projekt und dann hinterher, was haben sie gelernt.

Das Vorhandensein oder der Erwerb grundlegender Kompetenzen auf Seiten der Schüler*innen wird dabei als Basis der eigenständigen Arbeit in individualisierten Lehr-Lernsettings angesehen. Dass Schüler*innen verstärkt Selbstregulationskompetenzen benötigen, wird von Lehrpersonen und Schulleitungen daher als zentral erachtet.

Von den Befragten wird die Relevanz von Feedbackstrukturen im individualisierten Unterricht mit digitalen Medien hervorgehoben, vor allem im Hinblick auf kompetenzorientiertes Feedback mit individualisierten Hinweisen zu Lern- oder Entwicklungsschritten. Dabei sehen die befragten Lehrpersonen in aktuell verfügbaren digitalen Programmen und den darin enthaltenen Rückmeldefunktionen Chancen. Zum einen wird hervorgehoben, dass Schüler*innen dadurch direkte, für andere Schüler*innen nicht sichtbare Rückmeldung erhalten können, ohne dass der Lernprozess durch zeitliche Verzögerungen aufgehalten wird. Zum anderen sehen sie Chancen hinsichtlich der disziplinierenden und steuernden Wirkung der automatisierten Rückmeldung. Dies beschreibt eine Lehrperson eines Gymnasiums im Rahmen eines Gruppeninterviews wie folgt:

> Umgekehrt ist aber […] bei Schülern, die eine direkte Rückmeldung brauchen, damit sie exakt arbeiten, damit sie nicht rumlavieren, da ist wiederum eine Lernplattform oder ein Angebot wie [digitales Programm] günstig, weil es sofort die Rückmeldung gibt, was ja eher problematisch ist, wenn man so eine große Lerngruppe hat von – sagen wir mal – 28 Schülern, dort direkte, individuell differenzierte Rückmeldung zu bekommen.

Allerdings werden auch Herausforderungen sichtbar, z. B. dass die Rückmeldefunktionen nicht alle pädagogischen Bedarfe adressieren kann. Dies beschreibt eine Lehrperson eines Gymnasiums wie folgt:

> Wenn ich mit einem Schüler im Gespräch bin und ihn begleitete in der Art und Weise, wie er denkt, dann kann ich immer auch darauf reagieren. Aber wir haben es bei diesen ganzen Programmen, diesen Lernprogrammen nicht mit künstlicher Intelligenz zu tun, sondern mit einer Datenbank, die irgendetwas runterspult und deswegen funktioniert es nicht, behaupte ich mal so.

Das Feedback adaptiver oder adaptierbarer Programme wird dabei als nicht empathisch wahrgenommen, da den Programmen der ‚Blick' auf die gesamte Person, deren Situation oder auf weitere (überfachliche) Kompetenzen fehlt. Die Interviewten beschreiben somit auch Risiken automatisierten ‚empathielosen' Feedbacks bei den eingesetzten digitalen Programmen, das vor allem bei leistungsschwächeren Schüler*innen als frustrierend wahrgenommen werden kann. Eine interviewte Lehrperson eines Gymnasiums beschreibt dies wie folgt:

> Meine Erfahrung aus dem Englisch-Unterricht in Jahrgang 8: Schüler haben das gar nicht gern, wenn ihnen auch mit digitalen Lernplattformen nachgewiesen wird, dass sie bestimmte Kompetenzen noch nicht erreicht haben, also noch sehr viel härter im Urteil als das je eine Lehrkraft mit Empathie machen könnte. Deshalb gibt es da dann auch zeitweise Totalverweigerer, die dann gar nicht erst auf diese Aufgaben der Lernplattformen gehen und technische Probleme und anderes vorschieben, um ja nicht dann geoutet zu werden als jemand, der etwas nicht verstanden hat, das heißt, die digitalen Lernplattformen sind nicht immer die Lösung für das Problem.

Die Bedeutung von Feedback in digital-gestützten individualisierten Lehr-Lernsettings zu reflektieren, ermöglicht, Feedbackstrukturen zu gestalten und weiterzuentwickeln, sowohl mit Blick auf die Unterstützung der Selbstregulation von Schüler*innen, als auch auf deren gesamte Persönlichkeitsentwicklung. Dies wird von Lehrpersonen als bedeutsam für gelingendes Lernen in digital-gestützten individualisierten Lehr-Lernsettings formuliert. Dabei können digitale Programme einen Beitrag leisten, sind aber sinnvollerweise nur im Zusammenspiel mit dem professionellen Handeln der Lehrperson zu denken.

Mögliche Fragen mit Blick auf Feedback in digital-gestützten individualisierten Lehr-Lernsettings, um die eigene oder gemeinsame Reflexion innerhalb der Schule anzuregen und/oder um Schulen in ihrer Entwicklung zu begleiten:

- Welche Aspekte, Ziele und Formen des Feedbacks werden an unserer Schule genutzt? Welche Vor- und Nachteile ergeben sich daraus?
- Welche Art des Feedbacks würden wir gern verstärkt einsetzen?
- Wissen wir, welche Wünsche oder Erwartungen unsere Schüler*innen bezüglich der Lernbegleitung und des Feedbacks haben?
- Inwieweit und wofür werden digitale Tools & Medien für Feedback an unserer Schule eingesetzt? Und wofür könnten wir sie einsetzen?

4.2 Individualisierende digital-gestützte Lernkultur: Die Spannungsfelder von Eigenverantwortlichkeit und individualisierter Lernunterstützung sowie Individualisierung und Gemeinschaft in einer Kultur der Digitalität

Vor dem Hintergrund sich verändernder Ordnungsstrukturen in einer Kultur der Digitalität (siehe Kapitel 2.1.2) wird deutlich, dass die Vorstellung von Lernen als Weitergabe von bestimmtem Wissen und der Vermittlung einer bestehenden Kultur an einzelne Individuen nicht stabil bestehen bleiben kann, wenn sich Lehr-Lernprozesse im Zusammenhang mit der Digitalisierung nicht nur oberflächlich verändern sollen (vgl. Hauck-Thum, 2021, S. 73). Dazu sind aber Offenheit und die Bereitschaft vonnöten, „Organisationsstrukturen, Unterrichtsgegenstände, Lehr- und Lernprozesse, Themen und Lernorte völlig neu zu denken und so umzugestalten, dass Kindern […] Bildungserfahrungen ermöglicht werden, die sie auf aktuelle Herausforderungen tatsächlich vorbereiten“ (ebd.).

Für die inhaltliche und strukturelle Gestaltung von digital-gestützten, individualisierten Lehr-Lernsettings, die dieser Zielsetzung entsprechen sollen, bedeutet dies, dass schulische Akteur*innen die Potentiale digitaler Medien und die (veränderten) Bedingungen des Aufwachsens in einer digital geprägten Welt sowie die daraus resultierende Veränderung der Rolle von Lehrpersonen nicht unberücksichtigt lassen können (siehe hierzu auch Kapitel 4.1). Die Reflexion von und der Umgang mit Spannungsverhältnissen beim individualisierten Lehren und Lernen in einer Kultur der Digitalität kann daher als Gelingensbedingung identifiziert werden. Im Folgenden werden in diesem Kontext drei Themenfelder vertiefend betrachtet, die sich dem Bereich ‚Individualisierte Lernkultur in einer Kultur der Digitalität‘ zuordnen lassen (siehe auch Kapitel 1.1).

4.2.1 Die Einbindung der Lebenswelt der Schüler*innen in die didaktische Gestaltung individualisierter Lehr- und Lernprozesse

Aus der grundlegenden Reflexion der Potentiale digitaler Medien ergibt sich aus Sicht der Lehrpersonen an den Gelindi-Schulen die Frage nach der Gestaltung und Weiterentwicklung einer didaktisch sinnvollen und qualitätsvollen Einbettung des Einsatzes digitalgestützter, individualisierter Aufgaben und Materialien im Hinblick auf individualisierte Lehr-Lernsettings. Dabei wird von den Akteur*innen die Frage diskutiert, wie digitale Medien auch als Teil der Lebenswelt von Schüler*innen eingebunden werden können. Ebenso wird das Potential permanent verfügbarer, relativ einfach zu nutzender Tools, beispielsweise im Rahmen von Bring Your Own Device (BYOD), angesprochen. Dabei wird erörtert, inwieweit dies sinnstiftend und bildend im Sinne eines souveränen Umgangs mit digitalen Medien sein und zudem als Einbindung der digitalisierten Lebenswelt gesehen werden kann. Dies verdeutlichen die Ausführungen einer Schulleitungsperson einer Stadtteilschule, die den Lebensweltbezug in der Akzeptanz digitaler Medien und damit deren Einbindung in schulisches Handeln sieht:

> Den [Kolleg*innen] fällt es nicht immer leicht, die Digitalität jetzt aufzunehmen. Da gehören natürlich auch soziale Netzwerke dazu. Also auch außerhalb des Unterrichts. Alleine, dass alles aufgenommen wird, alles gefilmt und dann veröffentlicht wird, erzeugt ja in der Schule plötzlich eine Öffentlichkeit. Also dieser Schonraum Schule ist viel kleiner geworden. Wir sind viel mehr drin. […] Und da müssen wir noch viel an der Haltung arbeiten, da müssen Menschen noch viel lernen: Wie bewege ich mich eigentlich jetzt in der digitalen Gesellschaft? Was auch dazu gehört, wo wir mit Kollegen viel diskutieren, sind die sozialen Netzwerke: Ist das ok, dass Kinder das machen oder nicht, ist oft die Frage. Und das ist für mich eigentlich keine Frage, sondern für mich wäre die Frage: Was müssen wir ihnen beibringen, damit sie das gut machen können und reflektiert machen können und wissen: was stelle ich rein, was stelle ich nicht rein, wie stelle ich mich dar. Aber ich glaube, es ist keine Alternative zu sagen: Geh nicht rein in die sozialen Netzwerke, weil der Kontakt viel darüber stattfindet.

Die verschiedenen Akteur*innen in den Gelindi-Schulen formulieren den Anspruch oder das Ziel, in der didaktischen Gestaltung digital-gestützter Lehr-Lernsettings möglichst vielfältiges Lernen zu ermöglichen. In den nachfolgenden Überlegungen und reflektierten Erfahrungen einer befragten Grundschullehrperson wird dies illustriert, da zuerst eine Verbindung von kognitiver Aktivierung durch die anvisierte digitale Präsentationsform und die Möglichkeit für die Lernenden interessensgeleitet zu arbeiten, aufgezeigt wird. Daran anschließend wird der Transfer der erworbenen Fähigkeiten der Schüler*innen in die Lebenswelt als methodisch-didaktischer Mehrwert digitaler Medien formuliert:

> Also man darf jetzt nicht sagen: Digitalisierung kann alte Methoden unbedingt komplett ersetzen. Sie können aber andere Methoden [...] super ergänzen. [...] Und das iPad ist da nicht im Vordergrund, sondern eine iPadstation irgendwo, wo man hingeht und man liest was nach. Aber auch bei den kritischen Sachen, wo Kinder wirklich gefördert werden sollen, nach oben oder auch bei Leistungsschwachen, die Hilfe brauchen, kann es echt sehr sinnvoll sein. [...]Und ich sehe da auch nicht die Motoren neuer Konkurrenz, sondern einfach eine sehr, sehr wichtige Ergänzung und Sachen, die wir vorher gar nicht umsetzen konnten. [...]Insofern sehe ich da eine Chance und ich hoffe auch immer, dass die Kinder die iPads oder digitale Medien allgemein als produktiv wahrnehmen und sehen, dass sie damit auch wirklich etwas herstellen können. Und nicht nur als Konsummittel. Das ist eigentlich das Problem der Generation, dass sie im Alltag sehr viel passiv Medien konsumieren. Aber ich hoffe, durch den Umgang in der Schule, [...]wie man ihnen das an die Hand gibt, dass sie dadurch auch profitieren. Und dann auch zu Hause sagen, ich kann einen Film zusammenschneiden, ich kann eine Diashow für die Familie machen oder ich kann wirklich was Produktives damit anstellen. Ich glaube, dass ist das wichtigste und so schließt sich das dann auch nicht aus.

Vor diesem Hintergrund ist es für Lehrpersonen bedeutsam, die Potentiale und Grenzen digitaler Medien zu kennen und zu reflektieren, um die Lebenswelt der Schüler*innen und die veränderte Präsenz digitaler Medien in dieser Lebenswelt in die Gestaltung von digitalgestützten, individualisierten Lehr-Lernsettings einbinden zu können.

Mögliche Fragen mit Blick auf die Einbindung der Lebenswelt der Schüler*innen, um die eigene oder gemeinsame Reflexion innerhalb der Schule anzuregen und/oder um Schulen in ihrer Entwicklung zu begleiten:

- Was wissen wir über die digitalisierte Lebenswelt unserer Schüler*innen?
- Inwiefern wird beim individualisierten Lehren und Lernen mit digitalen Medien an unserer Schule die Lebenswelt der Schüler*innen bereits berücksichtigt? Welche Erfahrungen sind damit gemacht worden?
- Wie lässt sich ein produktiver Einsatz digitaler Medien bei unseren Schüler*innen so fördern, dass er anschlussfähig an ihre Lebenswelt ist?
- Wie wollen wir unsere Schüler*innen bestmöglich auf einen angemessenen Umgang mit digitalen Medien und ein souveränes Agieren in einer Kultur der Digitalität vorbereiten?

4.2.2 Steuerung des Lernens durch Lehrpersonen im Spannungsfeld von individualisierter Lernunterstützung und Eigenverantwortlichkeit

Im Zusammenhang mit der Steuerung von Lehr-Lernprozessen werden in den Gelindi-Schulen die Möglichkeiten und Grenzen digitaler Medien diskutiert, wobei die Frage nach den Veränderungen bei der Aneignung von Wissen in einer digitalisierten Welt gestellt wird. Eine Schulleitungsperson einer Stadtteilschule erläutert die von ihr wahrgenommenen Veränderungen folgendermaßen:

> Das heißt, es ist völlig klar, dass man das, was man früher gemacht hat, also Wissensrecherche, da zückt [heute] einer sein Handy, gibt die Frage in Google ein und dann hat man ein Ergebnis. Gut, dann muss man auch überprüfen, ob das eine sinnvolle Quelle war oder nicht, aber das sind ja so gesellschaftliche Prozesse, die sich einfach total ändern und die es eigentlich Stück für Stück fraglicher machen, wie viel Wissen man sich eigentlich selber eintrichtern muss oder wo man nicht einfach sagen muss: ‚Das gucke ich einfach nach und ich muss das jetzt gar nicht mehr wissen.' [...] Aber trotzdem sind das ja einfach Prozesse, die jetzt um uns rum sind und wo man eben gucken muss: Was macht Schule damit? Und was brauchen wir noch in Schule und was brauchen wir nicht?

Die Interviewten nehmen Veränderungen der Bedeutung und der Rolle als Lehrperson durch den digitalen Wandel wahr. Als Konsequenz setzen sie sich damit sowohl individuell, als auch zum Teil innerhalb des Kollegiums auseinander. Daher erachten die Befragten eine kontinuierliche Reflexion des Spannungsfelds von Verantwortlichkeit und individualisierter Lernunterstützung in einer digitalisierten Welt als hilfreich, um ihre Rolle bei der Steuerung des Lernens in digital-gestützten Lehr-Lernsettings neu- oder nachzujustieren. Dabei sehen sie insbesondere ihre Rolle als Unterstützende (‚Lernbegleiter*in' oder ‚Coach') im individualisierten Lernen mit digitalen Medien, die dabei auch die Förderung von fachübergreifenden Kompetenzen des selbstgesteuerten Lernens im Blick haben.

Diskutiert wird darüber hinaus u. a. die eigenverantwortliche lernendengesteuerte Auswahl von digitalen Materialien (z. B. Erklärvideos) gegenüber der lehrpersonengesteuerten Auswahl sowie der Umgang mit Wissen und Informationen in einer Kultur der Digitalität. Den interviewten Lehrpersonen ist bewusst, dass in digital-gestützten, individualisierten Lehr-Lernsettings auf Seiten der Schüler*innen die Befähigung zum selbstgesteuerten Lernen zentral ist. Dies kann u. a. durch ein vorbereitendes Einführen, Üben oder unterstützende Begleitung gewährleistet werden. Dabei können die Entscheidungen zum Grad der individualisierten Lernunterstützung durch die Lehrperson und – infolge dieser Überlegungen der Eigenverantwortlichkeit der Schüler*innen – dennoch unterschiedlich ausfallen, wie die folgenden Zitate zeigen.

Eine Lehrperson einer Stadtteilschule argumentiert, dass die Freiheit bei der Auswahl von Quellen und Medien Schüler*innen die Möglichkeit bietet, die Verantwortung für den Lernprozess stückweise zu übernehmen:

» Also ich finde es immer super, wenn man an dem Punkt ankommt, an dem Kinder erkennen, welche Kompetenz sie erwerben wollen und diese Kompetenzen, die sind natürlich schon irgendwie vorgegeben, das ist ja nichts, was die Kinder mitbringen, sondern das ist was, was die Rahmenpläne vorgeben. Also meinetwegen: ‚Ich kann einen Winkel mit einem Geodreieck messen' [...]. Und ich finde es dann super, wenn Kinder an einen Punkt kommen und Maßnahmen ergreifen können, um diese Kompetenz zu erwerben, und zwar selbstständig. Wir haben Material da, das sind dann letztendlich irgendwie Arbeitsaufträge und man muss das alles super machen [...], aber zum Beispiel passiert es dann auch, dass Kinder sagen: ‚Ich habe das nicht gemacht, was Sie mir gegeben haben. Ich habe mir ein Youtube-Video angeguckt und der hat das super erklärt und ich kann das jetzt. ' Das sind so Sachen, die ich eigentlich richtig toll finde, wenn Kinder von der Kompetenz ausgehen und wirklich selber Maßnahmen ergreifen, nicht die ich ihnen gegeben habe, sondern eigene Ideen haben, um das zu erwerben, weil das ist ja etwas, was wir denen auch für das Leben mitgeben wollen. Also, wenn die nachher außerhalb der Schule sind, dann denken Sie nicht: ‚Oh Gott, ich frage mal [LEHRPERSON], ob sie mir nochmal Arbeitsblätter schickt.', sondern sie müssen dann auf eigenen Beinen stehen und sich diese Kompetenzen aneignen."

Im nachfolgenden Zitat einer Lehrperson eines Gymnasiums wird das Spannungsfeld zwischen Steuerung durch die Lehrperson und Eigenverantwortlichkeit der Schüler*innen in individualisierten Lehr-Lernsettings mit digitalen Medien anders entschieden und mit den zeitlich begrenzten Ressourcen und den Herausforderungen einer angemessenen Fachlichkeit der aus der Vielfalt der verfügbaren, auszuwählenden Quellen begründet:

» Die Anlage, sich Wissen über Audiobotschaften oder Tutorials, Erklärvideos zu verschaffen, finde ich jetzt nicht falsch. Ich versuche allerdings im Unterricht immer herauszufinden, welche Erklärvideos außer denen, die ich ihnen vorgebe – also ich gebe schon auch welche vor – sie noch benutzt haben, weil ich feststelle, dass, obwohl ich mich da bemühe, [sowohl] Schriftquellen oder Bildquellen als auch Audioquellen anzugeben, Schüler trotzdem erstmal Wikipedia, trotzdem erstmal Google aufrufen, statt sich direkt mein Material, das ich ihnen angeboten habe, schon mit zeitintensiver Vorbereitung zusammengestellt habe, [anzuschauen] Das macht mich manchmal ein bisschen ärgerlich, weil ich dann absoluten Blödsinn zurückgemeldet bekomme, der irgendwo bei Wikipedia oder Google gefunden wurde. Das gebe ich dann auch wieder zurück und sage: ‚Feine individuelle Recherche, aber leider in der falschen Richtung.' Weil Schüler trotz der Informations- und Instruktionsebenen, was sind Fake News, was sind also ganz gezielt verbogene Nachrichten, das können sie nicht immer – obwohl sie eine Vorbereitung hatten – tatsächlich sicher trennen und da vergeht dann wieder viel Unterrichtszeit, also diesen Zeitraum, den ich mir eigentlich gedacht hatte zu sparen, indem ich ihnen vorgebe, welche Quellen sachlich korrekt sind.

Dies gibt Hinweise darauf, dass die Weiterentwicklung der eigenen Rolle als Lehrperson (siehe hierzu auch Kapitel 4.1.3) teilweise auch nur situativ unter Berücksichtigung von Jahrgang, Lern- und Entwicklungszielen sowie Notwendigkeiten des Bildungsverlaufs (knappe zeitliche Ressourcen in der Sekundarstufe II) zu entscheiden ist.

Eine kontinuierliche Reflexion des Spannungsfelds von Eigenverantwortlichkeit der Lernenden und individualisierter Lernunterstützung durch die Lehrenden in einer digitalisierten Welt ist hilfreich, um die Lehrpersonenrolle bei der Steuerung des Lernens in digital-gestützten, individualisierten Lehr-Lernsettings kontinuierlich neu- oder nachzujustieren und gleichzeitig Lernende auf eine aktive und selbstbestimmte Teilhabe vorzubereiten.

Mögliche Fragen mit Blick auf das Spannungsfeld von individueller Lernunterstützung und Eigenverantwortung, um die eigene oder gemeinsame Reflexion innerhalb der Schule anzuregen und/oder um Schulen in ihrer Entwicklung zu begleiten:

- Wie erlebe ich meine Rolle bei der Steuerung des Lernens? Inwieweit erlebe ich situative oder grundsätzliche Veränderungen durch den digitalen Wandel?
- Inwiefern findet hierzu ein Austausch innerhalb des Kollegiums statt?
- Was spricht dafür, Schüler*innen individuell und selbstständig nach für sie passend erscheinenden digitalen Lernmaterialien recherchieren zu lassen und was dagegen und warum? Welche Erfahrungen habe ich/haben wir als Kollegium diesbezüglich bereits gemacht und zu welchen Konsequenzen hat dies geführt?
- Wie lässt sich der Wunsch nach Vorstrukturierung und didaktischer Aufbereitung der digitalen individualisierten Lernangebote durch die Lehrpersonen mit dem Anspruch Schüler*innen Verantwortung für den eigenen Lernprozess übernehmen zu lassen vereinbaren/ausbalancieren?

4.2.3 Das Lernen von Schüler*innen zwischen Individualisierung und Gemeinschaftlichkeit

Die in den Erörterungen zur Kultur der Digitalität (Kapitel 2.1.2) dargelegte besondere Bedeutung der Gemeinschaft für den Umgang mit Informationen und zum Aufbau von Wissen ist nicht auch für Schüler*innen und nicht nur für Lehrpersonen (siehe hierzu auch Kapitel 2.3) bedeutsam. Beide Akteur*innengruppen agieren in der Schule im Spannungsfeld zwischen Individualität und Gemeinschaft(lichkeit), in dem, durch die Einbindung digitaler Medien, Neujustierungen von Gemeinschaftlichem nötig werden, dies jedoch in unterschiedlicher Weise.

Einerseits ist pädagogisches Handeln in der Schule immer auch sozial und interaktiv. Dabei ist aber nicht nur die Interaktion zwischen Lehrenden und Lernenden in den Blick zu nehmen, sondern auch die innerhalb der Gruppe der Lernenden. In den Akteur*innengruppen, die bei Sacher (2014) als Subsysteme beschrieben werden (vgl. Sacher 2014, S. 36 ff.), gibt es formelle und informelle Beziehungen, gemeinsame Aufgaben sowie die Notwendigkeit von und Strukturen der Zusammenarbeit, die durch den Prozess der Digitalisierung von und in Schule neu in den Blick genommen und durch die Befragten reflektiert werden.

Andererseits wird individuelle Förderung oft in Formen individualisierter Lehr-Lernsettings organisiert, die mit viel Einzelarbeit einhergehen, z. B. anhand von (Wochen-)Plänen mit und ohne Kompetenzraster oder mit Selbstlernmaterialien mit und ohne Möglichkeiten der Selbstkontrolle. Damit kann ein Risiko zur Vereinzelung der Schüler*innen in einer Lerngruppe einhergehen. Daher werden an den Gelindi-Schulen auch Formen praktiziert, die dem entgegenwirken können. Denn adaptiver und offener Unterricht lässt sich auch in gemeinschaftlicher Form, in Tandem- oder Kleingruppenkonstellationen, organisieren.

Die veränderte Bedeutung von Gemeinschaft in einer Kultur der Digitalität (vgl. Stalder, 2017, siehe Kapitel 2.1.2) lässt die Frage, wie Individualisierung in Lerngemeinschaften organisiert werden kann, auch in den Gelindi-Schulen dringlicher erscheinen. In den Interviews wird deutlich, dass individuelle Förderung mit digitalen Medien vielfach nicht nur als Einzelarbeit wahrgenommen wird, sondern auch als Zusammenarbeit in der Gemeinschaft.

Kooperatives Lernen ist dabei explizit auf das Lernen in Gemeinschaft bezogen. Es wird als Zusammenarbeit in positiver Abhängigkeit an einem Produkt verstanden, so dass Kommunikation und Abstimmung und damit Lernen in Interaktionen konstitutiv sind. Das bedeutet gleichsam nicht, dass in allen Schritten gemeinsam gearbeitet werden muss. So können z. B. einzelne Gliederungsteile für digitale Produkte wie Präsentationen eigenständig auch in Einzelarbeitsphasen erarbeitet werden. Als Merkmale kooperativen Lernens werden neben der wechselseitigen positiven Abhängigkeit, eine individuelle Verantwortlichkeit, die Adressierung sozialer Kompetenzen, die gegenseitige Unterstützung in der Gruppe und eine Reflexion der Zusammenarbeit genannt (vgl. Jurkowski, 2011, S. 41). Kollaboration wird als höhere Form verstanden, bei der Prozess und Produkt in allen Schritten gemeinsam erarbeitet werden, weshalb ein geteiltes Verständnis von Aufgabenstellung, Ziel und dem Weg dahin notwendig ist (vgl. Konrad, 2014, S. 80). Beispiele hierfür wären das gemeinsame Verfassen einer Geschichte oder die Aufnahme eines Hörspiels oder Podcasts.

Sowohl Einzelarbeit als auch die Zusammenarbeit mit anderen werden von einem*r Schüler*in einer Gelindi-Grundschule als Möglichkeiten der Bearbeitung individueller Aufgaben in Abhängigkeit vom eigenen Lernen genutzt:

> Mir hilft es, wenn man mit Freunden zusammenarbeiten kann. Also klar, es hilft auch, wenn die Lehrer dir das nochmal erklären, aber ich finde, wenn man zusammenarbeitet, funktioniert das besser. [...] wenn man halt ein paar Aufgaben zum Beispiel zusammen macht, ich finde, das ist leichter dann, anstatt das alleine zu machen und weil ich habe das Gefühl, wenn ich das mit Freunden mache, habe ich auch einen strukturierteren Plan. So einen Plan, was ich jetzt genau mache und das dann einfach abarbeite und wenn ich dann halt Hilfe brauche, mache ich es mit meinen Freunden und das ist motivierender als alleine, finde ich.

Lehrpersonen an den Gelindi-Schulen, die auch das Spannungsfeld von Individuum und Gemeinschaft im Blick haben, berücksichtigen digitale Medien für die individuelle Förderung nicht nur für Selbstlernphasen einzelner Schüler*innen, sondern auch für kooperatives und kollaboratives Lernen, wie die folgenden Ausführungen einer Lehrperson an einer Stadtteilschule in Bezug auf digital-gestützte individualisierte Lehr-Lernsettings und ihr Potential für die Förderung überfachlicher Kompetenzen zeigen:

> [Wir haben] das Format Projektunterricht, das finde ich eigentlich immer gut geeignet, um auch Kompetenzen wie Kreativität, wie Gruppenarbeit, wenn man das als Kompetenz beschreiben möchte oder Kollaboration, die kann man da unglaublich üben. Das ist aber auch sehr anspruchsvoll, weil man die Kinder in so eine Art Unsicherheit lassen muss und sie müssen dann trainieren, also diese Kompetenzen nutzen und trainieren, um weiterzukommen. Und das ist wirklich schwierig, weil man im Grunde eine unglaubliche Resilienz braucht als Kind, um solche Situationen auszuhalten und weiterzumachen und nicht zu sagen: ‚Ich schaffe das nicht.' Aber trotzdem sehe ich da unglaubliches Potential und finde auch deswegen, also beide Formate, die wir haben, so Projekte und große Zusammenhänge bearbeiten und kleinschrittig im [Name offenes Lehr-Lernsetting], das sind sozusagen beides Bereiche, wo ich Spaß habe und unglaubliche Potentiale sehe, individuell zu fördern und individuell auch ja Kompetenzen zu erwerben, wenn man jetzt mal von Schülerseite guckt.

Diese Überlegungen zu der Frage, wie auch in individualisierten Lehr-Lernsettings digital zusammengearbeitet werden kann, führt zu einer grundlegenden Reflexion gewohnten Denkens über Lernen und Leistung, wodurch auch bisherige Formate der Leistungsüberprüfung infrage gestellt werden. Dies zieht Überlegungen hinsichtlich der Frage mit sich, wer entscheidet, was, wann und wie gelernt wird. Dabei können auch bestehende Prüfungsformate hinterfragt werden, wie eine Lehrperson eines Gymnasiums als Antwort auf die Frage nach ihrer Vision von Lehren ausführt:

> Projektorientiert, fächerübergreifend, im Team, in offenen Lernlandschaften, ohne zentralisierte Prüfung in der Art, wie wir sie jetzt gerade haben. [...]

Das Spannungsverhältnis von Individuum und Gemeinschaft mit Blick auf die Schüler*innen kann in Bezug auf das Potential und Gelegenheiten für kooperatives und kollaboratives Lernen in individualisierten Lehr-Lernsettings reflektiert werden.

Mögliche Fragen mit Blick auf das Lernen der Schüler*innen, um die eigene oder gemeinsame Reflexion innerhalb der Schule anzuregen und/oder um Schulen in ihrer Entwicklung zu begleiten:

- Wie können und wollen wir mit Blick auf Schule in einer Kultur der Digitalität das Verhältnis zwischen dem Individuellen und dem Gemeinschaftlichen in Schule (neu) austarieren?
- Welche Möglichkeiten sehe ich/sehen wir, um das Potential digital-gestützter kooperativer und kollaborativer Lehr-Lernsettings für individuelles und soziales Lernen fruchtbar zu machen?
- Und welche Chancen oder Gelegenheiten zur individuellen Förderung mit digitalen Medien lassen sich dabei nutzen oder erweitern?

5 Zum Weiterlesen

Bieber, G. & Gerick, J. (2022). Individuelle Förderung und Digitalität [Themenheft]. *Die Deutsche Schule, 114*(3). https://doi.org/10.31244/dds.2022.03

Budde, J. (2013). Didaktische Regime – Zettelwirtschaft zwischen Differenzstrukturen, Homogenisierung und Individualisierung. In J. Budde (Hrsg.), *Unscharfe Einsätze. (Re-)Produktion von Heterogenität im schulischen Feld* (Studien zur Schul- und Bildungsforschung 42, S. 169–185). Wiesbaden: Springer VS. https://doi.org/10.1007/978-3-531-19039-6_8

Budde, J. (2018). *Heterogenität in Schule und Unterricht.* Bundeszentrale für politische Bildung. Verfügbar unter: https://www.bpb.de/lernen/digitale-bildung/werkstatt/266110/heterogenitaet-in-schule-und-unterricht/

Döbeli Honegger, B. (2022). Was unter „Individuelle Förderung und Digitalität" verstanden wird, ist oft sehr individuell ... und wird zunehmend von der eingesetzten Software geprägt. *Die Deutsche Schule, 114*(3), 298–311. https://doi.org/10.31244/dds.2022.03.08

Dohmen, T. & Martens, M. (2024). Entwicklung von Distributed Digital Leadership. Partizipation und Führung in digitalen Schulentwicklungsprozessen. In J. König et al. (Hrsg.), *Auf die Lehrperson und ihren Unterricht kommt es an. 10 Jahre empirische Professions- und Unterrichtsforschung im IZeF der Universität zu Köln* (S. 229-248). Münster: Waxmann. Verfügbar unter: https://www.waxmann.com/index.php?eID=download&buchnr=4876

Drossel, K. (2021). *Reflexionsbogen zu Medienbezogener Lehrerkooperation.* Verfügbar unter: https://edkimo.com/de/medienbezogene-lehrerkooperation-mele_digital/

Fischer, C.; Fischer-Ontrup, C. & Schuster, C. (2020). Individuelle Förderung und selbstreguliertes Lernen. Bedingungen und Optionen für das Lehren und Lernen in Präsenz und auf Distanz. *Die Deutsche Schule.* Beiheft 16. 136–152. https://doi.org/10.31244/9783830992318.08

Fischer, F. & Rott, D. (2023). *Individuelle Förderung – Heterogenität und Handlungsperspektiven in der Schule.* Münster: Waxmann/UTB. https://doi.org/10.36198/9783838559193

Gerick, J. (2023). *Schulleitungshandeln in ungewissen Zeiten. Plan BD.* Verfügbar unter: https://magazin.forumbd.de/haltung/schulleitungshandeln-in-ungewissen-zeiten/

Gerick, J.; Eickelmann, B.; Rau, M.; Panten, B.; Rothärmel, A. & Gottschalk, T. (2023). *Digitalisierungsbezogene Schulentwicklungsprozesse erfolgreich gestalten. Handreichung für die schulische Arbeit zu den Ergebnissen des Forschungsprojekts ‚GuTeDigiSchulen NRW'.* Braunschweig: Technische Universität Braunschweig. Verfügbar unter: https://www.tu-braunschweig.de/fileadmin/Redaktionsgruppen/Institute_Fakultaet_6/Schulpaedagogik/pdf-Dateien/GuTeDigiSchulenNRW_Praxishandreichung_2023_Gerick_Eickelmann_et_al_final.pdf

Hamburger Bildungsserver (2023). *Digitale Werkzeuge. Methoden- und Toolsammlung für digitale Werkzeuge im Unterricht.* Verfügbar unter: https://bildungsserver.hamburg.de/themenschwerpunkte/digitale-werkzeuge

Hauck-Thum, U. (2022). *Bildung im Kontext von Digitalität und Nachhaltigkeit.* Verfügbar unter: https://magazin.forumbd.de/lehren-und-lernen/bildung-im-kontext-von-digitalitaet-und-nachhaltigkeit/

Holmes, W.; Anastopoulou, S.; Schaumburg, H. & Mavrikis, M. (2018). *Personalisiertes Lernen mit digitalen Medien – ein roter Faden.* Stuttgart: Robert Bosch Stiftung. Verfügbar unter: https://www.bosch-stiftung.de/sites/default/files/publications/pdf/2018-06/Studie_Personalisiertes_Lernen.pdf

Klieme, E. & Warwas, J. (2011). Konzepte der Individuellen Förderung. *Zeitschrift für Pädagogik, 57*(6), 805–818. https://doi.org/10.25656/01:8782

Krommer, A.; Lindner, M.; Mihajlović, D.; Muuß-Merholz, J. & Wampfler, P. (2019). *Routenplaner #digitaleBildung Auf dem Weg zu zeitgemäßer Bildung. Eine Orientierungshilfe im digitalen Wandel.* Verlag ZLL21 e.V. Verfügbar unter: https://routenplaner-digitale-bildung.de/wp-content/uploads/2020/10/Routenplaner%20Digitale%20Bildung%20mit%20Cover%20und%20Ruecken%2004092020%20v1.pdf

Labusch, A.; Eickelmann, B. & Conze, D. (2020). *ICILS 2018 #Transfer. Gestaltung digitaler Schulentwicklung in Deutschland.* Münster: Waxmann. Verfügbar unter: https://www.waxmann.com/index.php?eID=download&buchnr=4308

Landesinstitut für Lehrerbildung und Schulentwicklung (2023). *Qualitätsmerkmale digital gestützten Unterrichts. li-hamburg.* Verfügbar unter: (Sammlung von Dimensionen digital gestützten Unterrichts). https://ebook-medien.li-hamburg.de/#/id/5f71f703dea59601b64bed98

Lesperance, K.; Holzmeier, Y.; Munk, S. & Holzberger, D. (2023). *Selbstreguliertes Lernen fördern. Lernstrategien im Unterricht erfolgreich vermitteln.* Münster: Waxmann. https://doi.org/10.31244/9783830993087

Obermeier, C.; Hill, H.; Profft, J.; Hartung, J. & Vieregg, N. (2022). *Handreichung. Inklusiv-digitale Schul- und Unterrichtsentwicklung. Wie gelingt das?* Verfügbar unter: https://www.uni-flensburg.de/fileadmin/content/seminare/medienbildung/dokumente/projekte/dig-in/handreichung-inklusiv-digitale-schul-und-unterrichtsentwicklung-wie-gelingt-das.pdf

Racherbäumer, K. & Kühn, S. M. (2013). Zentrale Prüfungen und individuelle Förderung. Gegensatz oder zwei Seiten derselben Medaille? *Zeitschrift für Bildungsforschung,* 3, 27–45. https://doi.org/10.1007/s35834-013-0054-8

Schaumburg, H. (2022). Individuelle Förderung mit digitalen Medien – ein Problemaufriss. *Die Deutsche Schule, 114*(3), 250–262. https://doi.org/10.31244/dds.2022.03.02

Schulz, R. (2022). *Definitionen: Felix Stalders „Kultur der Digitalität".* Verfügbar unter https://infoportal.lernen.hamburg/beitrag/unterricht/definitionen-felix-stalders-kultur-der-digitalitaet/

Schulze-Vorberg, L. et al. (2018). Die Öffnung von (Lern-)Räumen in Schule und Unterricht durch den Einsatz digitaler Medien. Der Einfluss von Computereinstellung, -ängstlichkeit und Lehrhaltung auf die digitale Mediennutzung von Lehrkräften. In M. Pietraß et al. (Hrsg.), *Jahrbuch Medienpädagogik,* 14 (S. 215–236). Wiesbaden: Springer VS. https://doi.org/10.1007/978-3-658-19839-8_12

Sturm, T. (2016). *Lehrbuch Heterogenität in der Schule.* München/Basel: Ernst Reinhardt Verlag/UTB. https://doi.org/10.36198/9783838546155

Thöne, U. & Kösters, K. (2022). Selbstgesteuertes Lernen und Digitalisierung an der Gesamtschule Münster Mitte. *Die Deutsche Schule, 114*(3), 288–292. https://doi.org/10.31244/dds.2022.03.06

Trautmann, M. & Wischer, B. (2013). Individuelle Förderung: Ideen, Hintergründe und Fallstricke. Bundeszentrale für politische Bildung. Verfügbar unter: https://www.bpb.de/themen/bildung/dossier-bildung/162108/individuelle-foerderung-ideen-hintergruende-und-fallstricke/

6 Verwendete Literatur

Arnold, K.-H. & Lindner-Müller, C. (2017). Heterogenität aus der Perspektive von pädagogischer Diagnostik sowie allgemeiner Didaktik und Lehr-Lernforschung. In T. Bohl, J. Budde & M. Rieger-Ladich (Hrsg.), *Umgang mit Heterogenität in Schule und Unterricht* (S. 237–256). Bad Heilbrunn: Verlag Julius Klinkhardt.

Behrensen, B. & Solzbacher, K. (2012). *Individuelle Förderung in KiTa und Grundschule.* Osnabrück: Institut für frühkindliche Bildung und Entwicklung.

Breidenstein, G. & Rademacher, S. (2017). Individualisierung und Kontrolle. Empirische Studien zum geöffneten Unterricht in der Grundschule. *Studien zur Schul- und Bildungsforschung, 60.* https://doi.org/10.1007/978-3-658-13805-9

Bresges, A. (2018). Mobile Learning in der Schule. In C. de Witt & C. Gloerfeld (Hrsg.), *Handbuch Mobile Learning* (S. 613–635). Wiesbaden: Springer Fachmedien. https://doi.org/10.1007/978-3-658-19123-8_30

Buchen, H. & Rolff, H.-G. (2019), *Professionswissen Schulleitung.* Weinheim/Basel: Beltz Verlag.

Deutsche UNESCO-Kommission (2021). *Resolution für eine chancengerechte Gestaltung der digitalen Transformation in der Bildung.* Stand Juni 2021. Bonn: Deutsche UNESCO-Kommission e. V.

Drechsel, B. & Schindler, A.-K. (2019). Unterrichtsqualität. In D. Urhahne, M. Dresel & F. Fischer (Hrsg.), *Psychologie für den Lehrberuf* (S. 353–372). Berlin/Heidelberg: Springer. https://doi.org/10.1007/978-3-662-55754-9_18

Drossel, K.; Heldt, M. & Eickelmann, B. (2020). Die Implementation digitaler Medien in den Unterricht gemeinsam gestalten: Lehrer*innenbildung durch medienbezogene Kooperation. In K. Kaspar, M. Becker-Mrotzek, S. Hofhues, J. König & D. Schmeinck (Hrsg.), *Bildung, Schule und Digitalisierung* (S. 45–50). Münster: Waxmann. Verfügbar unter: https://www.waxmann.com/index.php?eID=download&buchnr=4246#page=45

Eickelmann, B.; Bos, W. & Labusch, A. (2019). Die Studie ICILS 2018 im Überblick – Zentrale Ergebnisse und mögliche Entwicklungsperspektiven. In B. Eickelmann, W. Bos, J. Gerick, F. Goldhammer, H. Schaumburg, K. Schwippert, M. Senkbeil & J. Vahrenhold (Hrsg.), *ICILS 2018 #Deutschland. Computer- und informationsbezogene Kompetenzen von Schülerinnen und Schülern im zweiten internationalen Vergleich und Kompetenzen im Bereich Computational Thinking* (S. 7–31). Münster: Waxmann.

Eickelmann, B. & Drossel, K. (2019). Digitalisierung im deutschen Bildungssystem im Kontext des Schulreformdiskurses. In N. Berkemeyer, W. Bos & B. Hermstein (Hrsg.), *Schulreform – gestern, heute, morgen* (S. 445–458). Beltz Verlag: Weinheim.

Eickelmann, B.; Drossel, K. & Heldt, M. (2021). ICT in teacher education and ICT-related teacher professional development in Germany. In J. Chi-Kin Lee & T. Ehmke (Hrsg.), *Quality in Teacher Education and Professional Development: Chinese and German Perspectives* (S. 107–124). Abington: Routledge. https://doi.org/10.4324/9781003197973-8

Eickelmann, B. & Gerick, J. (2017). Lehren und Lernen mit digitalen Medien – Zielsetzungen, Rahmenbedingungen und Implikationen für die Schulentwicklung. *Schulmanagement Handbuch, 164*(4), 54–81.

Fend, H. (2008). *Schule gestalten. Systemsteuerung, Schulentwicklung und Unterrichtsqualität.* Wiesbaden: Verlag für Sozialwissenschaften.

Fischer, F. & Rott, D. (2023). *Individuelle Förderung – Heterogenität und Handlungsperspektiven in der Schule.* Münster: Waxmann/UTB. https://doi.org/10.36198/9783838559193

Fölling-Albers, M. (2008). Alte und neue Rhythmen schulischer Zeit. In H. Zeiher & S. Schroeder (Hrsg.), *Schulzeiten, Lernzeiten, Lebenszeiten. Pädagogische Konsequenzen und zeitpolitische Perspektiven schulischer Zeitordnungen* (S. 133–141). Weinheim u. a.: Juventa.

Gerick, J. & Tulowitzki, P. (2023). Leadership for Learning in einer digitalisierten Welt: Erkenntnisse aus ICILS 2018. In N. Anderegg, A. Knies, L. Jesacher-Rößler & J. Breitschaft (Hrsg.), *Leadership for Learning – gemeinsam Schulen lernwirksam gestalten* (S. 259–277). Bern: hep.

Gerick, J.; Eickelmann, B.; Rau, M.; Panten, B.; Rothärmel, A. & Gottschalk, T. (2023). *Digitalisierungsbezogene Schulentwicklungsprozesse erfolgreich gestalten. Handreichung für die schulische Arbeit zu den Ergebnissen des Forschungsprojekts ‚GuTeDigiSchulen NRW'.* Braunschweig: Technische Universität Braunschweig. Verfügbar unter: https://www.tu-braunschweig.de/fileadmin/Redaktionsgruppen/Institute_Fakultaet_6/Schulpaedagogik/pdf-Dateien/GuTeDigiSchulenNRW_Praxishandreichung_2023_Gerick_Eickelmann_et_al_final.pdf

Gräsel, C.; Fußangel, K. & Pröbstel, C. (2006). Lehrkräfte zur Kooperation anregen – eine Aufgabe für Sisyphos? *Zeitschrift für Pädagogik,* 52(2), 205–219.

Häcker, T. (2017). Individualisierter Unterricht. In T. Bohl, J. Budde & M. Rieger-Ladich (Hrsg.), *Umgang mit Heterogenität in Schule und Unterricht. Grundlagentheoretische Beiträge, empirische Befunde und didaktische Reflexionen* (S. 275–290). Bad Heilbrunn: Verlag Julius Klinkhardt.

Hartmann, U., Richter, D. & Gräsel, C. (2021). Same Same But Different? Analysen zur Struktur kollegialer Kooperation unter Lehrkräften im Kontext von Schul- und Unterrichtsentwicklung. *Unterrichtswissenschaft,* 49, 325–344. https://doi.org/10.1007/s42010-020-00090-8

Hauck-Thum, U. (2021). Grundschule und die Kultur der Digitalität. In U. Hauck-Thum (Hrsg.), Was *ist Digitalität? Philosophische und pädagogische Perspektiven* (S. 73–82). Berlin/Heidelberg: Springer. https://doi.org/10.1007/978-3-662-62989-5_6

Helsper, W. (2016). Lehrerprofessionalität – der strukturtheoretische Ansatz. In M. Rothland (Hrsg.), *Beruf Lehrerin/Lehrer. Ein Studienbuch* (S. 103–125). Münster: Waxmann/UTB.

Holmes, W.; Anastopoulou, S.; Schaumburg, H.; Mavrikis, M. (2018). *Personalisiertes Lernen mit digitalen Medien. Ein roter Faden.* Stuttgart: Robert Bosch Stiftung GmbH.

Jurkowski, S. (2011). *Soziale Kompetenzen und Lernerfolg beim kooperativen Lernen.* Kassel: Universität Kassel.

Kiper, H. (2013). *Theorie der Schule. Institutionelle Grundlagen pädagogischen Handelns.* Stuttgart: Kohlhammer.

Klieme, E. (2019). Unterrichtsqualität. In M. Harring, C. Rohlfs und M. Gläser-Zikuda (Hrsg.), *Handbuch Schulpädagogik* (S. 393–408). Münster: Waxmann.

KMK – Sekretariat der Ständigen Konferenz der Kultusminister der Länder in der Bundesrepublik (2021). Lehren und Lernen in der digitalen Welt. Ergänzung zur Strategie der Kultusministerkonferenz „Bildung in der digitalen Welt" [Beschluss der Kultusministerkonferenz vom 09.12.2021]. Verfügbar unter https://www.kmk.org/fileadmin/veroeffentlichungen_beschluesse/2021/2021_12_09-Lehren-und-Lernen-Digi.pdf.

KMK – Sekretariat der Ständigen Konferenz der Kultusminister der Länder in der Bundesrepublik (2016). Bildung in der digitalen Welt. Strategie der Kultusministerkonferenz [Beschluss der Kultusministerkonferenz vom 08.12.2016; Fassung vom 07.12.2017]. Verfügbar unter: https://www.kmk.org/fileadmin/Dateien/pdf/PresseUndAktuelles/2018/Digitalstrategie_2017_mit_Weiterbildung.pdf

Knüsel Schäfer, D. (2020). *Überzeugungen von Lehrpersonen zu digitalen Medien. Eine qualitative Untersuchung zu Entstehung, Bedingungsfaktoren und typenspezifischen Entwicklungsverläufen.* Dissertation, Universität Zürich. Bad Heilbrunn: Verlag Julius Klinkhardt. https://doi.org/10.35468/5826

Konrad, K. (2014). *Lernen lernen – allein und mit anderen. Konzepte, Lösungen, Beispiele.* Wiesbaden: Springer.

Krommer, A. (2021). Mediale Paradigmen, palliative Didaktik und die Kultur der Digitalität. In U. Hauck-Thum (Hrsg.), *Was ist Digitalität? Philosophische und pädagogische Perspektiven* (S. 57–72) Berlin/Heidelberg: Springer. https://doi.org/10.1007/978-3-662-62989-5_5

Kunze, I. (2008). Begründungen und Problembereiche individueller Förderung in der Schule – Vorüberlegungen zu einer empirischen Untersuchung. In I. Kunze & C. Solzbacher (Hrsg.), *Individuelle Förderung in der Sekundarstufe I und II* (S. 13–26). Baltmannsweiler: Schneider Verlag.

Lipowsky, F. & Lotz, M. (2015). Ist Individualisierung der Königsweg zum erfolgreichen Lernen? Eine Auseinandersetzung mit Theorien, Konzepten und empirischen Befunden. In G. Mehlhorn, K. Schöppe & F. Schulz (Hrsg.), *Begabungen entwickeln & Kreativität fördern* (S. 155–219). München: kopaed. Verfügbar unter: http://kopaed.ciando.com/ebook/bid-2111841

MacBeath, J. (2020). Leadership is for learning – A critique of current misconceptions around leadership for learning. *Zeitschrift Für Erziehungswissenschaft, 23*(5), 903–923. https://doi.org/10.1007/s11618-020-00967-5

Petko, D. (2020). *Einführung in die Mediendidaktik. Lehren und Lernen mit digitalen Medien.* Weinheim/Basel: Beltz.

Rothland, M. & Terhart, E. (2007). Beruf: Lehrer – Arbeitsplatz: Schule. In M. Rothland (Hrsg.), *Belastung und Beanspruchung im Lehrerberuf* (S. 11–31). Wiesbaden: VS Verlag für Sozialwissenschaften. https://doi.org/10.1007/978-3-531-90500-6_2

Ruelmann, M.; Torchetti, L.; Zulliger, S.; Buholzer, A. & Praetorius, A.-K. (2021). Kognitiv-motivationale Schüler*innenprofile und ihre Bedeutung für die Schüler*innenwahrnehmung der Lernunterstützung durch die Lehrperson. *Unterrichtswissenschaft,* 49(3), 395–422. https://doi.org/10.1007/s42010-021-00100-3

Sacher, W. (2014). *Elternarbeit als Erziehungs- und Bildungspartnerschaft. Grundlagen und Gestaltungsvorschläge für alle Schularten.* Bad Heilbrunn: Verlag Julius Klinkhardt. https://doi.org/10.35468/9783781553408

Schaumburg, H. (2015). *Chancen und Risiken digitaler Medien in der Schule. Medienpädagogische und -didaktische Perspektiven.* Gütersloh: Bertelsmann.

Scherzinger, M.; Roth, B. & Wettstein, A. (2021). Pädagogische Interaktionen als Grundbaustein der Lehrperson-Schüler*innen-Beziehung. Die Erfassung mit State Space Grids. *Unterrichtswissenschaft*, 49(3), 303–324. https://doi.org/10.1007/s42010-020-00089-1

Schulz-Heidorf, K. (2016). *Individuelle Förderung im Unterricht: Eine Möglichkeit, soziale Herkunft und Schulerfolg zu entkoppeln? Eine Re-Analyse aus IGLU-E 2011.* Universität Hamburg. Verfügbar unter: https://ediss.sub.uni-hamburg.de/handle/ediss/6985

Stalder, F. (2017). *Grundformen der Digitalität.* Online verfügbar unter: https://agora42.de/grundformen-der-digita, zuletzt geprüft am 24.11.2023.

Stalder, F. & Kuttner, C. (2022). Schule in der Kultur der Digitalität – Schule als Reflexionsraum. Im Gespräch mit Felix Stalder. In C. Kuttner & S. Münte-Goussar (Hrsg.), *Praxistheoretische Perspektiven auf Schule in der Kultur der Digitalität,* 62 (S. 3–19). Wiesbaden: Springer Fachmedien. https://doi.org/10.1007/978-3-658-35566-1_1

Stebler, R.; Pauli, C. & Reusser, K. (2018). Personalisiertes Lernen. Zur Analyse eines Bildungsschlagwortes und erste Ergebnisse aus der perLen-Studie. *Zeitschrift für Pädagogik, 64*(2), 159–178. https://doi.org/10.25656/01:21816

Sturm, T. (2016). *Lehrbuch Heterogenität in der Schule.* München, Basel: Ernst Reinhardt Verlag. https://doi.org/10.36198/9783838546155

Tulowitzki, P. & Pietsch, M. (2020). Stichwort: Lernzentriertes Leitungshandel an Schulen. Leadership for Learning. *Zeitschrift für Erziehungswissenschaft, 23*(5), 873–902. https://doi.org/10.1007/s11618-020-00964-8